三国
BOSS
波士
炖

作者寄语

这是一本真正可以与您互动的书，您拥有这本书，就拥有了我和一群志同道合的朋友。

武 斌著

上海三联书店

前 言

每个男人都有一个三国梦。

每个男人都有一种领袖情结。

三国与管理的话题风靡全球，老少皆宜，用途广泛，居家必备，但遗憾的是，经常是千篇一律，浅尝辄止，无中生有，枯燥无味。然而，这次绝对不一样！而且，我敢100倍自信地向马克思保证。

"这次绝对不一样！"看完这本书，你肯定会帮我说这句话的，你信不信？

我至少问过200个企业家同样的话题：您看三国吗？三国对您的企业管理有帮助吗？不管是敷衍还是，我得到的肯定回答为100%！可有一天，一个企业家却反问我：三国都是真事吗？不是真事值得当成案例去借鉴吗？

这个问题好哲学，就像"子非鱼，安知鱼之乐"一样令我迷惘，瞬间让我感觉我十多年对三国与管理的研究失去了意义。

这让我越想越忧心忡忡。因为做财经媒体的缘故，我有机会去纪录企业和企业家的沉浮往事，我离那些叱咤风云的企业家是那么近，然而，我们离三国时代又那么远，这其中能有什么交集呢？

既然我不是三国人，不知道三国人的喜怒哀乐，没有资格为古人代言，那是不是可以让三国人自己来说呢？如果有一天，你惊奇发现，有那么一场别出心裁的真人秀，三国的那些顶尖管理者就在我们身边，他们像朋友一样娓娓道来自己的成败得失，管理心得，你是否愿意停下来听一听，想一想，为他们鼓下掌？那他们是怎么复活的？这本书可不是玄幻小说，看看就知道了。

每一次我用心去聆听这些管理故事、管理思想和管理方法的时候，每一次都会被深深地感动，真的。感动我的也许是呈现在其中的企业家精神，也许是对于成功的强烈渴望，也许是自己奋战的那些孤灯下的不眠夜！

为了这场"真人秀"，我准备了十年，参考了数百本管理、三国书，可以说是我人生中的淮海战役，我没有达到独创管理思想的境界，但是，综合古代、现代的管理得失，希望能做一本有价值的、真正让管理者都看得懂的书，把它做成管理类的案例大全和百科全书。

茫茫书海中，您能看到这本书，是缘分，您能喜欢这本书，是情谊，如果这本书能帮到您，那就是我前世的积德。

不吹了，否则要把雾霾吹到美国波士顿了，还是那句话，看看就知道了。

目 录

作者序

初选

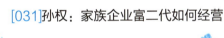

 **主持人：**

　　大家好，欢迎收看中国首档管理类大型真人秀——《三国波士炖》。马上，曹操、刘备、孙权等三国时代最顶尖的管理者将首次以参赛选手的身份登上舞台，他们以真人秀的形式，带来最经典的管理案例、管理故事和管理工具。

　　本届《三国波士炖》邀请马云云、柳传之、土石三位企业家组成的评委会、及数百名企业家组成的强大投票团为11位选手投票打分，经过初赛（11进5）、复赛（5进4）、总决选，最终将评选出当代企业家心中最顶尖的三国管理达人。您可发邮件到wubin@yicai.com为您喜欢的选手投上宝贵的一票，也可加作者微信（memorymemory719）或QQ（18486955）参与互动。

 史上最强的真人秀，
现——在——开——幕——，
有——请——选——手——登——场——！

曹操　　　　刘备　　　　孙权

姓名　　曹操

籍贯　　安徽

职位　　曹魏集团创始人

管理成就　　从政府官员辞职下海，自己创业，以其卓越的领导力，在众多创业领袖中脱颖而出，创建了规模首屈一指的曹魏集团，无愧为三国时代管理老里的NO.1！

参赛宣言　　宁可我负天下人，不可天下人负我。

演讲题目　领导力的八项修炼

三国管理委员会

在三国里，有那么一个人，已经不能用"传奇"两个字来形容：

他是一个在人格上充满了争议的人物；

他是一个在文学上堪称巨匠的人物；

他是一个管理界的教父级人物；

他是一个已经卓越到无法低调的人物……

他以"宁可天下人服我，我不服天下人"的不折不挠；以"宁可我负天下人，不可天下人负我"的管理手腕；以"我赋天下人"的文艺气质、以"我富天下人"的政治眼光，唱出三国时代的最强音！

大声说出来，他是谁？

是我，是我，还是我！

当老总就要有领袖之气

我出生在一个"富贵"但不"高贵"的家庭，家里钱多，全是因为父亲认了一个有钱的"干爹"，叫曹腾，父亲还因此改了姓，但我没有郭美美一样炫富的勇气，因为父亲的这个"干爹"的身份是太监，名声并不好。

"看时光飞逝，我回首从前，曾经是莽撞少年，曾经度日如年。"每个人都是哼着一曲五音不全的青春之歌，边走边唱长大

的。再伟大的人也是一样。

我也曾做过很多不着边际的事情：躺在地上装死只为躲避叔叔的责骂，跟着小伙伴去骚扰大户人家的洞房之夜，偷隔壁邻居王大婶家的鸡……

但谁能想到，若干年后，那个看上去一无是处的捣蛋鬼，就成了一个杰出的领袖？我凭什么、为什么、靠什么有一身领袖之气？

我来告诉你，我所认识的领导力的八项修炼！

第1项：眼大

这还是我年轻时的一个故事：有一次，有个叫许邵的著名"评论员"，为我做了一句话点评，他对我说："君乃治世之能臣，乱世之奸雄。"但我那时还小，还搞不清楚这句话的涵义，就去问我老爸：

"老爸，现在是治世还是乱世？"

当时的汉朝，已经烂到骨头里，地球人都知道，可老爹一贯明哲保身，听我问了这个问题，就说："这个问题太简单，闭上眼睛想想，今上圣明，当然是治世！"

我追问道："那么睁开眼睛呢？"

老爹暴怒："睁开眼睛不会自己看吗？"不再作答。

于是我明白了。

人活在这个世界上，最重要的生存技能就是洞察力。

很多领导都想造就自己的强势，其实最重要的不是强势，而是识时势，然后做到顺势。那就是睁大你的眼睛，练就洞悉世事的慧眼，察颜观色的明眼，观人识人的火眼。

领导力修炼的第一步，就是你的洞察力。

> **洞察力的修炼：**
>
> 观察要全方位、多角度、多侧面进行，不能只盯住一点。
> 了解他人隐藏在语言后面的心理和目的。
> 善于思考，多分析事情发生背后的逻辑。
> 不断总结，积累处理问题的经验和生活的阅历。

第2项：胆大

　　有人的领导力是天生的，而我，只相信后天的努力。

　　我原先的职业身份是公务员，但当时的政府，非常混乱，西北的军阀董卓把持朝政，这个不修边幅的人，把朝廷搞得比他们西北农村老家的厕所还脏。

　　在一次刺杀董卓未遂之后，我踏上逃亡之路，国家发出"一号通缉令"。一天，我路过河南中牟时，被县"公安部门"抓获了，有着丰富刑讯经验的县长陈宫，亲自对我进行审讯，陈宫在盘查过程中，虽然动用了种种手段，而我始终没有精神崩溃，反而和他展开心理战。我胸有成竹地对陈宫慷慨陈辞：我要辞去公务员"下海"，自主"创业"，然后统一北方市场，建立跨国集团！

　　奇迹出现了——陈宫竟然一把扔掉了手中的乌纱帽，为我解开绳索——他县长不干了，执意要辅助我完成"建国大业"。

　　我想，是我的感召力创造了奇迹！

　　回到我的根据地许昌后，尽管什么都还没有，我还是马上树起"忠义"的大旗，第一个打出"招聘广告"，向全社会公开招聘，招集义兵。不出几天，来者云集，有家族里的精英，也有当地的牛人，还有慕名而来的骨干，有带人的，有带钱的，有带技术的，有带项目的……

　　李典，地方实力派，听到这个消息，带着家里的宾客3000多人，第一个来入股。

　　荀彧，管理精英，风尘仆仆从河北赶过来，成为我的"首席执行官"，为我搭建了整个的管理团队。

　　荀攸，军事天才，刚投奔我时，暗地里一直想取我而代之，但是，和我合作了一段时间，发现我实在太强了，比他自己强很多，最终放弃了这个想法，专心辅佐我的事业。

　　那么，企业家感召力究竟是什么？

　　要知道，这个世界上没有100%把握的事，只有100%的信心和胆识！

　　感召力，就是"敢"召力，要敢吆喝，那就要胆大，话大。

> **感召力的修炼：**
>
> 不管你成功的把握有没有，你始终要装出一副胸有成竹的样子；
> 不管你做的事是大事还是小事，你始终要找到一个高尚的理由；
> 不管你目前的条件具备与否，你始终都要不断描绘美好的蓝图；
> 不管别人信不信，反正你信了。

第3项：智大

先讲一个大家熟知的故事：我每次出去打仗，都会带很多士兵，对于这些士兵，怎么约束？我们有非常严格的制度，比如有一条：士兵过麦田，如果有践踏者，后果很严重，斩首。然而没想到，制度刚一颁布，我的马就受了惊冲到麦田里，踏坏了一大片麦子。

这怎么办？难道真的要将我斩首吗？最后，我想了一个办法，割了自己的一段头发作替代。然后传示三军，宣称"丞相践麦，本当斩首号令，今割发以代"。

在古人的意识中，身体发肤，受之父母，不可损毁，否则就天打雷劈，割发可不像现在弄个时髦发型这么简单啊！真的是刑法啊！比如有一种刑法叫髡刑，就是把罪犯的头发剃光！这的确是很严重的惩罚！于是，全军上下都严格按照制度来了。

三国争霸中，我所领导的曹魏集团之所以规模能发展到最大，实际上在于制度上的创新，企业发展壮大，最终要依靠的是制度。刘备是兄弟创业，人情味浓，但弊端就是人情大于管理，做不大，东吴集团是家族式企业，完全靠最高领导人的智慧平衡各种利益关系，也很难做大。割发代首，这不得不说是一次制度上的创新，让管理层既享有特权，又不让下属觉得不公平。

创新力，就是要有大智慧，你有多大的智慧，就有多大的家业，要打开思维。

我的创新力还体现在更多方面：

理念创新——之前，汉朝皇帝非常奢侈腐败，而我在全国内提倡反腐，打老虎，这个是从我开始的；

制度创新——以前，都是军队平时不干活，靠老百姓供养，我颁布屯田制，士兵在不打仗时充当"建设兵团"，垦种荒地，自给自足，这个是我发明的；

流程创新——从前，都是有什么事跑大老远到都城向皇帝请示，而我在迎奉天子之后，把皇帝接到我们家住，挟天子以令诸侯，这个事情是从我这才有的。

创新力的修炼：

多到基层去，和下属打成一片。

多接触生活中的新事物，新现象，多学习新知识，多学习其它公司的长处。

保持一颗年轻的心。

鼓励创新，勇于尝试，给予员工和自己创新失败的空间。

第4项：胸大

虽然我说过，"宁可我负天下人，不可天下人负我"，可是，很多人都负过我！

庞德，西凉的一员猛将，曾经跟着马超，在一次战斗中杀得我们人仰马翻，害得我割了胡子，改装易容，做了"整形"，才侥幸逃跑，好不狼狈；

贾诩，三国里最牛逼的谋士，设计杀死我的儿子曹昂和我的贴身保镖典韦；

关羽，我曾经对他一往情深，他竟背叛了我，和我不辞而别，离家出走，还杀了我的爱将；

陈琳，袁绍的"枪手"，替袁绍起草檄文，这家伙文学水平极高，骂人不带脏字，却把我的祖宗八辈骂了个遍……

如果换你，你会怎么对待这些人？

穷凶极恶的庞德，最后被我俘虏了，而我亲自给他松绑，扶他上马。

杀子仇人贾诩，到我这里"自首"，我似乎什么都没发生，给他高官厚禄，他在我这里最后官至太尉。

对于关羽的不辞而别，我星夜追赶！然而，我赶上他的目的，是怕他走得太急衣服穿得太薄着凉了，送他一件袍子御寒。

陈琳骂得我那么难听，我抓住了他，可我没有抽他，而是解决了他的失业问题，给了他个金饭碗……

我的宽容，绝对是三国第一！因为他们都是人才，我所需要的人才。我用我的宽容，把最可怕的敌人变成了最可靠的朋友。

企业领导者最大的魅力，不是在于个人能力，而是像长者一样宽广的胸怀。心胸一定要大！宽容下属性格上的缺点，宽容下属的冲动，甚至宽容下属对你的敌意和攻击。因为人才都有脾气性格，他们需要舞台，更需要宽容，而你，更需要他们。

胸大，可以为一个女人的个人魅力加分，也是一个领导者个人魅力最集中的体现。

个人魅力的修炼：

外圆内方。
增强亲和力，能与员工同甘共苦。
言出必行，秉公办事，勇于承担责任。
提高自身的才智修养。

第5项：碗大

一个炎热的夏天，我带兵南征，正遇南方持续橙色高温预警。

大军经过一个没有水源的地方，兵士们又热又渴，很多都中暑了，再也走不动了，可是，兵贵神速，必须急行军，我该怎么办？

我一个脑筋急转弯，办法来了：我抽了马一鞭子，快速赶到队伍前面，指着前方大声说："福——利——来——啦！发——防——暑——降——温——用——品——啦！大——家——吃——梅——子——啦！"

所有人精神一振。

"这条路我原来走过，前面有一大片梅林，那里的梅子又大又多，绿里透红，味道酸甜可口，一咬就会流很多很多汁，会流到嘴边，流到手上，流到衣服上，但是别不小心流到马的眼睛里，那么马就看不见了……"别怪我唐僧，我不停地形容梅子，是为了达到激励的效果：果然，士兵们不断产生联想，口水不知不觉流了出来，仿佛梅子已经吃到嘴里，也不觉得渴了！于是，我指挥士兵打起精神，向前行进，准时到达战场，取得了胜利。

一个企业的动力之源，不就是吃不到、望不到、却又能引发无限憧憬的梅子吗？企业员工的积极性，不就是靠画出的饼来维持的吗？

任何一个企业，无论大小，无论强弱，都没有充足的物质资源来满足所有员工的欲望，但是，你不能因为条件不足而只给员工一个小碗，你还是要给员工准备一个足够大的碗，然后靠勾勒未来蓝图和赋予精神嘉奖让员工相信，他们有朝一日，会得到满满的一大碗，他们就会为自己将来碗里的所得而不遗余力。

激励能力的修炼：

制度激励——绩效考核，确定每个岗位的绩效考核标准。

精神激励——培养集体荣誉感和团队精神。

目标激励——勾勒组织远大目标，根据组织目标，为每个人设定分阶段的个人目标。

负激励——确定没有达到目标或违背规章制度的惩罚手段。

在企业里，员工一般分四个层次,不同的人应该采取不同激励方式：

"人物"——能力很棒，态度很棒，大小事都能做得优秀，适合提拔到管理层，进行股权激励；

"人才"——能力很棒，但态度不稳定，安排合适了出成绩，安排不合适就造反，要多沟通，多用精神激励；

"人精"——能力有一些，但是会算计，总想干一份拿两份，适宜确定严格的绩效考核标准，多用负激励；

"人手"——忠诚认真，但能力有限，只能安排一般的工作，应该多用目标激励，为他设定好具体细化的分阶段个人目标。

第6项：心大

在三国当中，虽然我在军事、管理、政治、权谋上有很多故事案例，可是，在我如何善于沟通方面，竟然找不到一个经典的例子。这是因为我说话不像刘备那样善于声情并茂，也不像诸葛亮那样善于诡辩，我说话喜欢平平淡淡，言简意赅。但是，你如果觉得一个不善言辞的人就不善于沟通，那真的是大错特错了！

一个领导的沟通能力，并不完全是他的语言表达能力，而是揣摩对方心理，选择对方最乐于接受的形式，让对方了解自己的意图，从而达到自己的目的。很多时候，用语言沟通之外的形式进行，比语言更有效！

那么，沟通除了说话，还有哪几种形式呢？

1.作诗——"青青子衿，悠悠我心，但为君故，沉吟至今。"（摘自曹操《短歌行》）多美的一句诗啊，但其实，这是一个招聘广告。如果直接用白话的语言表达的话，大概就是：白领啊，蓝领啊，你们让我朝思暮想，我的招聘广告就是为你们打出来的！这样就显得低端，无厘头，沟通效果差很多。但如果把招聘广告写成一首高雅的诗，不知能提升公司的品位多少倍！能感动多少贤才志士过来投奔啊！

2.肢体语言——你们看《三国演义》的时候有没有发现，领导对下属用得最多的一个动作是什么？

> 先主传旨，请孔明坐于龙榻之侧。**抚其背**曰："……"
> 刘备观赵云大战处之山川形貌，**抚其背**赞曰："子龙一身都是胆"！
> 先主御驾自来看视，**抚其背**曰："令老将军中伤,朕之过也!"
> 权亲自把盏，**抚其背**，泪流满面，曰："……"
> 董卓闻之，**抚其背**说，"此忠臣也"！
> 操**抚其背**笑曰："卿真乃吾之樊哙也。"

"抚其背"，其实是领导最重要的一种沟通艺术，那就是肢体语言沟通。一个抚背的动作，比对着他说几句肉麻的赞扬话效果好很多。肢体语言沟通还有很多，比如，一个微笑，一个赞许的眼神，或者拍拍下属的肩膀，或者是故意哭、故意笑，达到自己沟通的目的。在其它篇章里，会专门谈到这个问题，这里就不展开了。

3.暗语——有些时候，领导不能什么都说透，一方面给自己留下回旋的余地，一方面也给下属提供发挥的空间。那你就该使用另一种沟

通技巧，暗语。什么叫暗语？就是不说透，让下属自己领悟。有一次，我要撤军了，我不说我要撤军，我就说了两个字："鸡肋"。鸡肋，吃着没什么味道，怎么办？你去想吧。还有一次，我要建花园，刚开始动工，工匠们给我审设计图，我看了啥也没说，在园门上写了一个"活"字。门上写活，啥意思，你去想吧。

4.书信——三国里的君臣关系，有个特别有趣的现象，你看，刘备和他的"CEO"诸葛亮，就像热恋中的情人，因为他们动不动就睡在一起，同席而眠。而我和我的"首席执行官"荀彧，则像初恋中的情人，总是"鸿雁传书"。在那个时代，我和荀彧的沟通方式，竟然是以书信为主的。有时候，大家本来在一起，却还是用书信交往。喜欢历史的朋友，可以查一下我的《与荀彧书》、《报荀彧》等等。为什么？因为我知道，荀彧善于战略，而不善于应变，善于思考，不善于强辩，用书信沟通，可以为荀彧提供更多的思考空间！

锦囊——这也是我常用的沟通方式，一旦领导的命令和指示放在锦囊里，就有一种强烈的仪式感，它是你智慧、权威性和公信力的集中体现，但千万不能滥用。

没有不能沟通的员工，只有不会沟通的领导！沟通力不是用嘴，而是用心。沟通力是掌握对方心理的能力，而不是简单的口才。你的内心要有足够的空间，去接收对方的心，容纳对方的心。

在现代，沟通方式就更多了，各种网络工具、办公软件，很多方式，都比面谈更省时更有效。作为领导，你有运用各种不同沟通手段、沟通工具而达到自己目的的意识吗？

沟通能力的修炼：

善于倾听，用心倾听，保持微笑。
揣摩对方心理，试探对方的想法。
善于运用各种沟通方式，掌握各种沟通工具。
永远从对方利害出发，选择对方最能接受的角度、方式和工具进行沟通。
多与人沟通，多接触各类人，多参加社会交往。

第7项：手大

我的用人观是以"结果为导向"，只要你觉得你有能力，我就让你来，给你机会发挥特长。

当其它竞争团队还是把"出身"、"名节"、"门第"等迂腐的选才标准放在第一位的时候，而我奉行唯才是举，颁布《求贤令》：我不管你是不是名校毕业，是不是党员、学生干部，在学校拿过几次奖学金，考出过多少证书，是不是本地户口，我只要你有某一方面的特长、经验、优势、资源，我就录用，我只用这个人这一项专长足够！

我是汉朝以来中国历史上第一个打破世族门第观念，不重学历重能力的领导人，这种人才理念，据说对后世影响深远。

用人不拘一格，这当然是一种能力。同样，如何做人才的组合调配，也是一种能力。比如，在合肥这个地方，接近吴国的前线，吴国大军如果吃了早饭出发，中午就能到合肥吃午饭，可以说来就来，那怎么选择合适的人来把守？

首先，忠诚度要高，不能人家大军一来，就把城给献了；其次，不能有怨言，长期驻外，家里要摆得平；还有，要有工作积极性，态度要端正，防务要细心，别被人偷袭；更重要的是，业务能力也要强，至少人家大军来了，也能撑个十天半个月的，能等到咱们的救兵到了……

然而，没想到吧，就这么一个小城，几千人防守，让孙权每每损兵折将，动辄带几万人的大型团队，只能在城外观光一游，到死也没能进城来溜达一圈！

这样完美的守将，到哪去找呢？

我选了张辽、李典和乐进三个人，张辽是主将。简单介绍一下，张辽是外面跳槽过来的，但因为业务能力突出，提拔很快，成为主将，而李典是属于关系户，有背景，家里有实力，乐进是很早就跟我的，属于创业元老，性格脾气又不好，你想，这三个人，谁也不服谁，外人看来，这是名副其实的"死亡组合"啊！

不明白了吧？对于驻外分支机构，不团结才是力量！但这需要很高超的识人用人能力。

一个高明的领导，最善于让部下你争我斗。部下之间相互较劲，你搞我，我搞你，就没时间搞领导。如果部下抱成一团，那就有反

领导的可能。说不定他们合肥三结义，就把城献给吴国了。而现在，乐进唯恐被李典占了上风，肯定想立功……李典唯恐给张辽机会，就抢着干工作……张辽唯恐被乐进抓住把柄，就竭尽全力表现。我不用发红包，就最大限度地激发了所有员工的全部能量。

但是，如果敌人来了，三个人吵成一团怎么办？这里呢，我还安排了一个人做监军，拿着我所谓的"锦囊妙计"，专门传达我的指示，三个人你不服我，我不服你，就只服领导了。所以，我的指示每次都很管用。等到敌军来了，我安排张辽和李典出战，乐进守城，因为李典是一个儒将，合作意识强，配合张辽是可以的。而乐进性如烈火，适合独当一面，就让他自己守城。这样，张辽和李典一配合，就不愁把乐进的积极带起来。

为什么说用人能力是手大呢？因为你要有如来佛一样宽大的手掌，下属离你再远，也需要在你的掌控范围，用你手中的权力遥控器，控制好团队，把握好人才！

用人能力的修炼：

因人而异——根据每个人特长和性格安排合适的岗位。
把握时机——为员工安排任务，要选择一个他最可能接受的时点和角度。
拿捏分寸——任何方法都不能过度，过犹不及。

第8项：胆大

作为领导者，公司的主要决定都是由你做出的，判断能力是一项基础能力。

有一次，部下夏侯惇跟我打小报告说，于禁反了，杀了很多他的人。

听到这个消息，你的第一反应是什么？是立即迁怒于禁吗？

我的第一反应是：如何来验证这一消息的真伪？这背后的逻辑是什么？

首先，于禁是否杀了一些夏侯惇的部属，这个很容易得到验证，但是，也不能因为他杀了夏侯惇的部属，就说他反了。其次，夏侯

惇和于禁之间发生过什么？于禁"造反"的动机何在？夏侯惇打"小报告"的动机何在？这需要进一步调查。

原来，夏侯惇所带的青州兵，是我的嫡系部队，但是，这些部队收编于黄巾军，军纪较差，他们在劫掠乡民的时候，被于禁看到，于是，于禁怕乡民遭受更多损失，来不及向我报告，就带领本部人马剿杀了这些青州兵，安抚乡民，而青州兵回奔夏侯惇，报告于禁造反。夏侯惇不经判断，马上报告给我。水落石出之后，我惩罚了夏侯惇治军不严，而对于禁进行嘉奖。

夏侯惇是我的弟弟，我的亲信，他向我报告的这个消息，如果换成一般人，判断能力差，马上迁怒于禁，也许于禁就真的反了。

古往今来，有多少人才，就是如此稀里糊涂葬身于流言蜚语之中。

所以，领导者不要一听到什么小报告，马上就站起来了，坐不稳了，怒而下决断，你要让自己的屁股足够大，不管听到什么事，都先坐稳了，晚点下决策。

判断能力的修炼：

不听一面之辞，听取多方观点。

不看表面现象，分析事情背后的逻辑。

克制情绪，慢一点做决断。

姓名	刘备
籍贯	河北
职位	蜀汉集团创始人
管理成就	从个体户，到集团掌门，从卖草鞋，到卖梦想，从摆地摊，到穿龙袍，他造就了管理的不朽传奇。刘备的成功经验证明：相信梦想，相信奇迹。同时，也因为其独特的管理之道，被后人尊为管理厚黑学的鼻祖。
参赛宣言	以谋服人，以情感人。

演讲题目 定价定天下

三国管理委员会

大家好，我是刘备，我演讲的题目是：定价定天下——正确的价格策略，成功的价值塑造，可以让你在商战中一统天下！在开始演讲之前，我想先以一个故事开场：

有一个苦命的孩子，他一辈子没有机会叫一声爸爸，因为在他还没会说话时，父亲就去世了；他从小就没拉过女孩子的手，因为家境清贫，他7岁时，就开始帮母亲一起织草鞋，摆地摊，一手的老茧让他无比自卑；他这辈子没有小学同学，初中同学，因为直到15岁，他才获得一笔"希望工程"的资助，踏上求学之路……

然而，他无时无刻不在想：我这一生注定就是根野草吗？屌丝的春天在哪里呢？

有一天，机会终于来了，听说天下大乱了，这是百姓的不幸，却是他的万幸。

趁乱，他开始卖一种特殊的产品，而这个产品让他获得的利润有多高呢？这个已经无法统计了，但我只告诉你一件事，他赚得了整个中国三分之一的财富！30年，他完成了从草根到帝国首富的转变！

这个孩子就是我，刘备。

"免检"的山寨皇叔

我卖的是一件什么神奇的产品呢?

踏上创业之路的时候,梦想是唯一的行李。我一无所有,除了梦想。我就是卖梦想的。

多少年后,一位叫马云的企业家说了:"企业家都是出卖梦想的"。

那么,如何给梦想定价呢?你要把一个产品变得让人无法估算出它的价值。

创业之前,我先给自己做了竞争优势分析,我发现我除了梦想外,还有另外一个核心竞争力——

我无法确定我是否是皇帝的后代,但我知道,汉朝开国皇帝刘邦的后代中有一个叫刘胜的,被封为中山靖王,他有120多个儿子,都分布在黄河以北,说不定我就是他们的后代。为什么不好好利用这一潜在的资源,打造自己的核心竞争力呢?

于是,我每次做自我介绍时,都要先加一个标签——我乃中山靖王刘胜之后也!我的足迹走遍大江南北,走到哪里,我都把我的商业标签做立体式的宣传,宣传得多了,大家听得多了,习惯成自然,基本上都不怀疑了,就成了免检产品,因此,我成功拿到皇叔"牌照",可以自由进出皇宫,完成地摊小贩到皇叔的转变。

给产品赋予一种高贵的出身

在定价产品之前,一定要给产品赋予一种高贵的出处,最好是不能用钱来衡量的。商品有了一种不能用钱来衡量的属性,你才能喊出你敢要的高价!同时,它才能显出它是定位高端的产品,也才能堂而皇之地入主奢侈品货架,否则,就只能是地摊上的处理货。

这不是普通的草鞋,"欧洲进口香草外加制鞋大师皇族典范三道工艺纯手工制作"

把"商场"当"情场"

创业之初,我没钱没地盘,不能给下属高薪,不能给他们任何承诺,可是,即使这样,我敢保证,没有任何人有本事从我手下挖走一个人!有一次,曹操出别墅、宝马、重金,想挖我的业务骨干关羽,而我,一点都不担心。

因为我有一种无形而强大的力量——那就是情感。我和关羽、张飞结为兄弟,每天同一个碗里吃饭,我睡床头,他们睡床尾,和他们分离相聚时,多少次"执手相看泪眼,竟无语凝噎",从前卖草鞋的日子那么苦,我都没有掉过眼泪,可是,为了这些人才,我是真心的一种情感的流露。这样一种情感,已经足以让他们死心塌地,他们最终助我走向事业的巅峰。

可见,很多价值不是用钱衡量,却足以让你赚得盆满钵满。

商场不但是个战场,也是个"情场"。情感能创造出无穷的价值。

用情感创造价值，提升定价空间

对于你的产品定价而言，也要注入情感：

（1）让你的商品能够成为一种情感表达物，比如孝敬父母，表达对情侣的爱慕，情人节、父亲节、儿童节……

（2）用故事去渲染这一产品的来历和今生前世，感动消费者。

（3）在服务上多一份细心，沟通中多一份体贴，让顾客感受到你对他的关怀。

能满足以上三点，就可以带来价值的再造，提升定价空间，锁定不离不弃的忠实客户。

占领道德制高点

人的梦想，如果是卑微的，就一文不值，如果是伟大的，你就会受到别人的尊重。

我的政治理想是兴复汉室，百姓经历了汉末离乱之后，渴望回到从前那个统一而强大的汉王朝，这是一个崇高而远大的目标。

当我以皇叔的名义提出兴复汉室的理想时，马上得到众多人才的支持：

因为有梦想，你才有同类。我找到我的创业伙伴关羽、张飞。

因为有梦想，你才能打动员工和消费者。我得到天下人的响应。

糜竺，大富豪，汉朝最成功的"风投"，倾其所有支持我的事业，还把妹妹嫁给我做老婆。

诸葛亮，汉朝最优秀的"职业经理人"，丈人是荆州的四大家族之一，两个姐姐都嫁给荆州的四大家族，一辈子为我鞠躬尽瘁。

作为一个政治家，你在政治上、道义上的是否有利，比军事力量的强弱更重要。

让产品具有更高的社会意义

作为一个产品，你在定高价之前，立意一定要高。你要树起解放全人类的旗帜，才能一呼百应。

若干年后，那些世界五百强的企业，就更夸张了，立意都是瞄准全人类的：IBM——带动人类的进步；GE——使世界更光明；惠普——为人类的幸福和发展作出技术贡献……

"大V"是如何炼成的

汉朝末年，汉室虽然岌岌可危，但是，并没有人敢公然说要放弃它，相反，很多实力派，都想争取得到汉朝皇帝的支持，借汉朝皇帝的名义发号施令。此时，曹操抢先一步，"挟天子以令诸侯"，迅速占领北方市场。

我也非常清楚汉朝的"品牌价值"。所以，我第一次见到汉献帝的时候，就拿出了一份族谱，隆重介绍了我的身份，和他攀亲戚。当时，他正被曹操欺负得苦不堪言，虽说叫汉献帝，可是并不想把皇位献出去，一看有人说是自己的叔叔，想想肯定是自己人，能帮他对付曹操，也不去考证这个叔叔是不是山寨版的，当即就帮我"加V"了（得到权威认证），由此，我正式确立了汉室皇叔的品牌价值。

这给我带来了很大的好处和便利，后来，当我去投奔那些红极一时的主公时，他们无一不是亲自到十里外铺红地毯夹道欢迎，而那些受到攻击的主公，首先想到的是请我去解围，都把我当做大牌"外援"来敬着。

所以，用价值定价，我是汉朝皇叔，有无穷的价值；如果用成本定价，我就是个小贩。

价值定价法

定价，首先在于你的品牌塑造是否成功，管理者在产品定价的时候，千万不能用成本定价，而是要塑造这一产品的价值，价格多高，利润多厚，在于你价值塑造得是否成功。

让曹操来得更猛烈些吧

我刚加入战团的时候，和竞争对手曹操实力根本不是一个级别，随时都有被他灭掉的危险。有人想，那就别惹曹操了吧。可是，我就专门和曹操对着干！谁都想不到，结果竟然是曹操越打我，我实力就越强！因为我采取了一种差异化的竞争策略。

我曾经对下属说："操以急，吾以宽；操以暴，吾以仁；操以谲，吾以忠，每与操相反，事乃可成。"（出自《三国志·蜀书·庞统传》）意思就是，曹操向左，我就向右；曹操反对的，我都拥护；曹操用拳头示强，我就用眼泪示弱；曹操残暴，我就仁慈；只要和曹操反着来，事情就成功了。

曹操先做市场和渠道，我就先做品牌。曹操先抢地盘，我就先抢人才。

向威望和影响力最高的人叫板，这是一种策略，如果对方应战，可以迅速扩大我的影响力。幸运的是，曹操还真的把我当对手了，在一次酒席中，我受宠若惊地听到他这样一句话："天下英雄，只有你和我啊！"能和曹操为敌，使我迅速走红。

差异化的竞争战略

产品价格确定后，竞争对手就很明确了，面对比你强大的竞争对手，你必须通过品牌塑造，文化塑造，让你的产品有别于竞争对手，避免同类产品的正面冲突。

骆驼法则

我这一生之中，投奔过十几个主公，辗转大半个中国，从无立锥之地，到最后能三分天下，我是如何做到的？先讲一个故事：
在一片无边无际的沙漠里，一个狂风大作的晚上，一只快要冻死的

骆驼，钻进一个头到了主人的帐篷里，可怜巴巴地对主人说：主人，让我的头放在帐篷里吧，我的耳朵要冻僵了。主人同意了。过了一会，骆驼又可怜巴巴地说：主人，让我的半个身子进帐篷取取暖吧，我的脚都冻得没有知觉了。主人可怜他，又同意了。又过了一会，骆驼又发话了：主人，让我整个身子进来待会吧，就一会儿，暖和了我就走，还可以陪你说说话呢。主人想了想，还是同意了。就这样，骆驼整个身子都在帐篷里了，一会就缓过来了，有了精神了。这时，他居然对主人说：主人，你出去吧！这是我的帐篷！

骆驼看似无情，但却是弱小者唯一的扩张法则。

三国时代，扩大地盘的手段不外乎两类，一类是直接进攻，一类是缓慢渗透。曹操一般都是选择直接进攻，大打出手。

而一般情况下，我的选择是，先在某一个主公那里打工，打工的同时，不断地结交当地的豪杰，遍访当地的人才，收买人心，等到掌握了核心技术、核心资源和核心人才后，那里自然就是我的了。

我投奔徐州牧陶谦，陶谦退休时，突然发现他的亲信全都是我的人了，没人的管理能力超得过我，陶谦自己也说："非刘备不能安此州也！"（语出《资治通鉴》）只能把徐州的股权转给我了。我到益州投奔刘璋的时候，他身边的那些骨干，纷纷表示要和我干，那我益州只能笑纳了。下一堂演讲中，我会仔细阐述我人力资源管理的艺术。

不打价格战用合营方式软性并购

从企业管理的角度讲，现代市场的争夺，也可分为直接进攻和缓慢渗透这两类：直接进攻相当于硬性的价格战，用比竞争对手产品价格低的方式，消耗对手的实力，迅速把实力差的竞争者从市场中挤出，一类是慢慢渗透，软性并购，即通过与对手合营等的方式，逐渐取得控制权，进入市场。

价格战需要比对手拥有绝对的实力，如果使用不慎，会使得两败俱伤，慎用价格战。

定价定战略，定价定客户，定价定竞争，定价定产品。你只要一做出定价，马上就会有连锁的反应发生，一步走对，招招领先，正所谓，定价定天下。

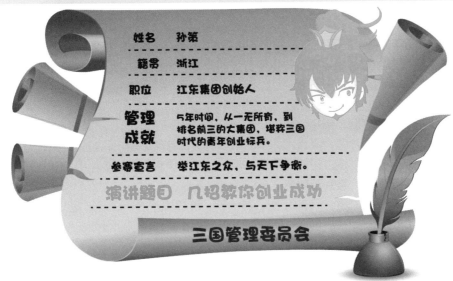

姓名　孙策

籍贯　浙江

职位　江东集团创始人

管理成就　5年时间，从一无所有，到排名前三的大集团，堪称三国时代的青年创业标兵。

参赛宣言　举江东之众，与天下争衡。

演讲题目　几招教你创业成功

三国管理委员会

一直以来，三国人物排名的榜单都是大行其道，有武将排名，有谋士排名，也有美女排名，最近，一位叫武斌的三国爱好者，做了一个有关三国人物创业能力的排行榜，排行榜从创业者所具备的"承担责任的能力"、"创业的动力"、"良好的信誉"、"果断决策的能力"、"健康的身体"、"面对风险的信心"、"家庭的支持"、"高人一等的技术能力"、"企业管理技能"、"个人专业素质"十项标准做考量，我居然是综合得分第一名！

三国人物创业能力排行榜

第五名 吕布
白手起家，在激烈的市场竞争中建立徐州集团，但所采用的成功手段为人所不齿。

第四名 张角
白手起家，短时间内就积聚了超级人气，但产品为国家明令禁止，有政策风险。

第三名 曹操
在具备启动资金、团队基础和人脉客户资源的基础上创建了三国时代实力最强的集团。

第二名 刘备
白手起家，辗转大半个中国，用20年时间建立了蜀汉集团，得到持续发展。

第一名 孙策
白手起家，17岁创业，用5年时间就扫平江东，建立江东集团，后得到持续发展。

5年时间，扫平江东，集团走上正轨，完成资本原始积累。崛起的速度，曹操、刘备望尘莫及！承担责任的能力，创业的动力，良好的信誉，果断决策的能力……各项分享指标都名列前茅，我是如何成为"青年创业标兵"的呢？

成功的背后，都是心酸。

我的父亲孙坚，是袁术帐下的第一勇将，打仗总爱一马当先，他领导的团队，曾经创造过短暂的辉煌。然而，在一次和刘表的战斗中，轻敌冒进，中了埋伏，被乱箭射死。

父亲死的时候，只有37岁。那一年，我17岁。

我们只看到成功创业家的光环，而没有意识到，创业者死在路上的比比皆是。

当别人还在享受"17岁那年的雨季"时，我已经背负着丧父之痛，挑起创业的大旗。父亲打了一辈子仗，到他死时，我竟然发现，他没有自己一个稳固的根据地，没有一个自己的地盘，留下的"固定资产"少得可怜！仅有的一点部队，也被"集团大股东"袁术"冻结"，父亲的创业团队，也被袁术收编。

我从父亲那里继承的东西，除了勇猛，竟然没别的了。我要一切从头再来。

没地盘，没军队，没经验。幸亏，我还有青春。

没证书，没文凭，没学历，幸亏，对创业者来说，最好的大学就是社会大学。

然而，对于一个17岁青年的所谓远大理想，别人都以为，就像现在一个高中生要创造一个上市公司一样不靠谱。

那么，我的创业和迅速崛起，是如何进行的呢？

一般来说，创业者大概有三种类型：独立型创业、代理型创业和依附型创业。

创业类型的选择：

创业类型	描述	典型代表
独立型创业	拥有独立构筑整个价值链的条件	曹操

代理型创业	几乎没什么其它资源，也没有核心技术，只好给大的集团做代理或外包	刘备
依附型创业	有核心技术，但没有完整的价值链，只能先依附于大集团发展，然后伺机独立	孙坚、孙策

绝大多数新开创的事业，实际上都不可能有自己的完整价值链，往往都是只能满足价值链上的一环，如何让"一环"生长成一个链条，那就需要解决资金、团队、技术、营销网络等等诸多问题。这里分五个要点：

要点1：寻找启动资金

我首先想到的，是到袁术那里，把父亲的资产预支出来。可袁术凭什么给我啊？无奈，我只能先在袁术集团打工，伺机寻找启动资金和启动时点。

机会来了！一个叫刘繇的人，占据采石矶，和袁术抢地盘，袁术派了几拨人去打，都无功而返。我自告奋勇去帮袁术解决刘繇，可他知道我有创业的野心，并不给我启动资金。

幸亏，我手里还有一个秘密武器。

我把东汉的"注册公章"——传国玉玺拿了出来，给袁术作抵押，向袁术"借兵"。袁术看到玉玺，两眼放光，还装作很不情愿地把原来扣下的部队，又打了个折扣，1000人交给我。我要求袁术把程普、黄盖、韩当等几个父亲创业时的骨干"借用"一下帮助我。

中国传统的农耕文化，对于商业信誉并不重视，整部《三国演义》里，用到81个"借"字，然而，没有一次提到还！而就是依靠这次"有借无还"、"有去无回"，我得到了启动资金，开始了独立创业。

筹集创业启动资金的四种模式：

自筹——自有资金、亲朋好友借钱

入股——用技术入股，吸引风投资金

借贷——用有价值的物品作抵押，向民间或P2P或银行借款

众筹——大众筹资，民间集资

要点2：创建核心团队

那时的朝廷，已经无力经营天下，各方诸侯各自抢占地盘，强包了各州郡，朝廷却收不到一点承包费。正所谓国退民进，创业者往往都是在这种环境下，像野草一样疯长！时不我待，我在短时间内组建了自己的创业团队：

孙策创业核心团队构成：

	人物简介	加盟原因	负责方向
孙河	亲戚	亲戚	行政
吕范	"凤凰男"，丈人家很有背景	围棋棋友	融资
张竑	知名学者	亲自拜访，用真诚、自信感动张竑	管理顾问、企划
程普、黄盖韩当、朱治	业务骨干，社会阅历丰富，实战经验强	父亲的老部下	开拓市场
吕蒙	穷小子，但有创业激情，有才干	主动应聘	开拓市场

要点3：吸引"风投"入驻

我如何吸引到风投，这得从更早的时候说起。

父亲还在世的时候，我没别的特长，就是打架不要命，好勇斗狠，在家乡组织了一个五六百人的队伍，有点像现在的黑社会，负责"治安"，收保护费，渐渐地搞出点名气来。

有一天，一个不速之客上门来了。

是来交保护费的？还是来砸场子的？

来者不是别人，而是大名鼎鼎的官二代——周瑜。

周瑜和我，可是两个世界的人。人家家里几代都当大官，是正规白道上的，从小琴棋书画，养尊处优，看上我什么了呢？

世道乱啊！国家已经到了无序状态，到处都是乱军，流民，山贼，马匪……有钱有地位的大户人家，也要寻求保护啊！再说，穿鞋的怕光脚的，他们也怕我们啊！所以，周瑜来，是来拉拢我们的，是为了给我们解决吃饭、住宿、娱乐和工资的！

周瑜并不是想象中的纨绔子弟，他是那个时代的精英，精英中的战斗机！我和周瑜，因为性格互补，资源互补，成了好兄弟。

后来，我开始独立创业，拿到了启动资金，组建了团队，业务逐渐上了轨道，周瑜又来找我了……他给我筹集了充足的粮草，还拉来了另外一个更有钱的VC——鲁肃，一起投资我的创业项目。

周瑜为什么这么欣赏我？一方面，我的个人素质强，他很早就了解，另一方面，我的创业团队，都是父亲的老班底，非常给力。他们相信，我能给他们的投资带来回报。

> **创业团队吸引风投的关键：**
>
> 很多人觉得风投投的是好项目，其实，项目永远都是过剩的，而真正稀缺的，是优秀的人。风投投的还是人，一个项目成功与否的关键，不在于项目的创意，而在于执行的团队、团队的执行力、创业者的素质。

要点4：挖墙脚是必须的

如果问我，在我一生的战斗中，遇到的最强的对手是谁，那一定是太史慈。

我在扩张过程中，与扬州的刘繇集团展开激烈竞争。太史慈是刘繇手下的第一猛将，一天，我和太史慈狭路相逢。我带了十几个弟兄，而他只有一个人，可是，我为了突显大哥的范儿，偏要和他一对一单挑。

然而没想到，这场单挑竟然成了三国时代最不雅的一次单挑！

我两先是在马上发生口角，后来发展到互相推搡，太史慈揪我衣服，我们从马上滚下来后，滚到泥里，然后又互相撕扯，抓挠，完全没有章法，最后被人拉开后，俩人仍旧骂骂咧咧，我的头盔也被太史慈抢走了，这让我很没面子。

三年后，我终于可以报一箭之仇了！太史慈吃了败仗，被我捉住了！可是，我没有请他吃耳光，而是请他吃老酒。

我是这么考虑的：太史慈是刘繇下面的头号"业务骨干"，他下面有一个团队，都是精兵强将，手上都有客户，如果把他的班底都弄过来，刘繇还有实力和我竞争吗？

酒喝了不少，我就试探他："刘繇那边对你不是很重视，而且他不善管理，早晚要破产，你以后打算怎么办？"太史慈也是明白人，听出来我的意思，但他心里清楚，他一个人孤家寡人过来工作不好开展，得带一些自己人，就对我说："刘繇刚刚战败，士卒离心，我愿意亲自去把他们收编过来，不知道你信任我不？"

我要的就是他这句话。

有人怕他是酒后胡言，说了不算，去了不回，我想，我用失掉一个人的代价，去博得到一个团队的收益，可以一试。第二天中午，太史慈果然带着一千号人过来了。

如何看待创业中的"挖墙脚"：

挖墙脚，不要认为是不齿的行为，它是快速创业成功最便捷的手段，也是让人才价值得到更好体现的必需。我们这里不总结挖墙脚的技巧，因为重要的不是技巧，最根本还是一个企业的土壤，是否对人才有吸引力，吸附力，有了肥沃的土壤，人才不是问题。

要点5：创业团队要破除迷信 统一思想

当一个人事业处于巅峰的时候，总会有一些麻烦事找上门来。

在我经营的地盘上，有一位叫于吉的道士，靠着给人治病、上"心理培训课程"而迅速走红，人气飙升。我的母亲，甚至我的部分团队成员，

竟然都成了他的信徒。怎么可能有人在我的地盘上人气超过我呢？于是，我一怒之下，杀了于吉。

很多人对我的这一举动非常不理解，那么，我们通过情景再现，还原一段当时和他的对话：

情景再现

于吉：先生可要卜卦算命？

孙策：你信命吗？

于吉：不信。

孙策：为什么？

于吉：命是用来算的，不是用来信的。

孙策：你算出来不就是为了让人信的。

于吉：我只是用一种别的方式指引来算命的人，下一步该何去何从。

孙策：人的何去何从为什么需要你来指引？

于吉：因为他们不知道该何去何从。

孙策：你知道自己何去何从吗？

于吉：不知道。

孙策：那谁能指引你呢？

于吉：随波逐流，随遇而安。

我们仔细分析一下于吉的逻辑，其实，就是告诉大家两个观点：

人的命可以算出来，因为早已天注定；

人不知道自己该何去何从，所以应随波逐流，不做任何努力。

创业精神告诉我们，创业者不相信命运，命运是自己打造的，而他的这种思想，和创业的精神完全相悖，如果团队成员被这样的思想所左右，就失去了创业的意志，创业的激情，那么，这个团队离失败也不远了。

所以，创业者必须破除迷信，我必须以实际行动告诉员工，成功不是靠求神拜佛得来的，成功也不是命运的偶然，成功一定有方法，失败一定有原因，要成功只有五个字："爱——拼——才——会——赢"！

> **创业成功的关键：**
>
> 很多老板在事业有了点小起色后，开始相信所谓的风水，所谓的财神，这其中虽然有些科学依据，不能全盘否定，但是，作为一个团队的领导者，你应该始终做出坚决的表态：成功，在于每天完成设定目标、完成目标、修正目标，一点一滴的积累，在于科学的管理方法，在于整个团队的努力，在于掌握成功的方法。

要点6：勇于争先 打造高效率的团队文化

父亲曾经是我心中不败的神话。他作战的时候，总是一马当先，他不爱戴头盔，只系一块红头巾，不明白的人以为他在耍酷，而我明白，他的红头巾，就是我们整个团队的旗帜。而父亲死后，没有了那方红头巾，我成了整个团队的旗帜。

我必须在将士面前起到典范的作用：

在神庭之战中，我亲自上阵，和敌方武力最强悍的武将太史慈单挑；

打严白虎的时候，我冒着箭雨，第一个登上城楼。

我继续打造我们创业团队勇于争先的文化，逢敌必亮剑！

而我与父亲截然不同的一点是：父亲南征北战，打出的是品牌和经验，我的南征北战，打出的是实实在在的地盘和利润！

我们几乎就是无敌的奥特曼，谁碰谁完蛋。同时，我们团队的纪律非常严格，连老百姓一根葱都不动，大家一看，原来这才是传说中的人民子弟兵啊，争先来犒劳我们，就这样，江东六郡攻下来，就好像打初级版的三国志游戏一样简单。

中国式的创业，关键不是因为你有出色的想法，而是你是不是愿意为此付出一切代价，全力以赴地去做它，证明它是对的。

创业者的表率作用

作为一个老板，在公司规模还很小的时候，应该事事躬亲，善于执行，才更加有利于把企业做强做大，并在这个过程中，培养经理人，逐步放权。而不是在一开始就显示一副老板的姿态。

中国式创业

业务发展如火如荼，公司日渐走上正常轨道，一切都那么顺风顺水。我知道，我们的创业梦想已经实现了。然而，很多企业，往往在这个时候，嘎嘣一声，就夭折了！

"如果我带的是100人的团队，我会冲在最前面。如果我带的是1000人的团队，我会站在团队当中，让下属帮助我。如果我带的是10000人的团队，我会站在最后面，我所需要做的，只是鼓励。"一位管理哲人如是说。

那时，我已经是拥有10000人团队的集团首领。我雄心勃勃，策划北伐中原。可我没有意识到，我仍然是100人团队的管理方式。

有一天，创业元老朱治来找我，神秘兮兮的。他什么也没说，只是在案几上一字排开六个空酒杯。

是要拼酒吗？我顿时豪气上冲。

朱治开口了："咱们公司大了，光靠您一个人冲锋的模式已经不适合了。咱们虽然拿下六个郡，可是，当地人并不服气，看看我们的管理团队，还是创业的老班底，全是北方人，当地的大家族没有几个愿出来做官的，我们的政权，其实是个空壳啊！另外，还有山越人在各处捣乱。"

我明白了：没有管理的大企业，就好像空酒杯，再多也是空的，我们拥有的六个郡，就是六个空酒杯。

企业在于有效管理，而不在于贪大求多，不但要勇于拼搏，还要善于拼搏。

要转型！不转型不行。

怎么转型？我也没想清楚。总之，我不要退居二线！否则，那还是我吗？还是小霸王孙策吗？

然而，事实证明，一件事在你该停的时候自己不停下来，会有人让你停下来。

因为我在企业开拓时期得罪的人太多，仇家太多，我的雄心还没有施展，就不小心被仇人暗算了！在一次外出中，我遭到三个歹徒的袭击……

我"雄赳赳，气昂昂，跨过扬子江"的"创业进行曲"突然被人按了停止键，戛然而止。然后就改放"出师未捷身先死，长使英雄泪满襟"了。

我的创业成败，和中国诸多的中小企业家何等相似，都有冒险精神，有身先士卒的勇气，有凝聚力，但管理模式相对落后，经不起风吹草动，经不起考验，于是，一旦遭遇不利的条件，就有跑路的，有坐牢的，有跳楼的，有英年早逝的，也有像我一样被仇人和债主追杀的。这就是中国式创业。

中国式创业，就如同野草一样野蛮生长，也如同韭菜一样被割了一茬又一茬。

然而，创业者永远都是最伟大的。他们是这个世界发展的源动力！

用马云的话说："创业者要知道这样一种境界：痛苦地坚持，快乐地去死。创业的过程是艰苦的，然而，当你死的时候，你会觉得是很快乐的一生。我奋斗过的一生，我得到了快乐。"

我死了，但我得到了快乐。在缤纷璀璨的三国时代，我留下了我的故事。也为弟弟留下了巨额的财富。

我弟弟孙权，一个管理巨人从此登上舞台……

姓名　孙权

籍贯　浙江

职位　东吴集团最高管理者

管理成就

15岁，当上县长，成为中国有史以来最年轻的县长

18岁，临危受命，取得东吴集团的控制权

26岁，打败当时中国最强的对手曹操，他成功运用父兄开辟的资源，逐步控制了江南地区，创造了中国历史上最典型的家族式管理的成功模式。

参赛宣言　别拿富二代说事！

演讲题目　家族企业富二代如何经营

三国管理委员会

"我的花季岁月，
没有花前月下，
全是尔虞我诈，
我的花样年华，
少了如诗如画，
都是金戈铁马，
我的青春梦想，
不是流浪远方，
而是以国为家……"

　　当我写下这篇日记的时候，我的身份是家族掌门人，一个带领家族企业走向辉煌的成功富二代。可是，我没有骄傲，却满是辛酸。

　　三国时代，也许没有比我更幸运的人了，我就是那种传说中的"嘴里含着金勺子"从娘肚里出来的。我爷爷辈还是卖西瓜的，所以，我爸爸孙坚是"瓜二代"，哥哥孙策跟着爸爸创业，所以他是"创二代"，可到了我这里，他们迅速创建起强大的江东集团，财富急剧膨胀，我转瞬间就成了名副其实的富二代！

　　我满心欢喜地准备享受富二代幸福生活，无限憧憬中。

　　然而，现实突然震耳欲聋地告诉我：你父亲死了！你哥哥也死了！

　　我是眼含泪水、心怀惶恐接过江东集团CEO的。那时，这个年龄，如果换现在，我该在浙江的某所高中念高三，即将准备迎接改变命运的考试——高考，而父兄之死，对我人生的考验，不知比高考要难多少倍啊！

富二代，负二代？

　　数据显示，在东亚地区的家族企业中，至少有80%的企业在第二代手中便宣告终结，在美国，第二代"存货"比例只有30%，到第三代只有12%，到第四代及第四代以后只剩3%。更何况，我是个只有18岁的第二代啊！

　　是富二代，还是负二代？我们再看看三国时期几个典型的代表：

三国"富二代"一览表

	描述	结果
刘璋	沿袭了父亲刘焉打下的益州	被刘备兼并
刘琮	沿袭了父亲刘表经营的荆州	被曹操兼并
袁谭、袁尚	沿袭了父亲袁绍打下的河北	被曹操兼并
曹丕	沿袭了曹操打下的魏国	成功传给第三代
刘禅	沿袭了刘备创立的蜀国	被魏国兼并

算算成功比例，也和统计结果差不多。

那么，18岁的我，该如何去守住父兄留下的这份家业，今天我就来介绍我的管理经验：

1. 等待机会

父亲健在时，我以为他是不倒的英雄，结果他倒下了……于是，兄长成了我心中不倒的英雄。结果，他也倒下了……英雄其实是脆弱的代名词。于是，我希望自己不做英雄，我要做英雄背后的管理者！

我接手江东集团的时候，有"邻居"杀父仇人刘表的荆州集团虎视眈眈，有辖区内山越叛乱的此起彼伏，更可怕的是，江东集团内部人员非常复杂：父亲和哥哥各留下一套班子，黄盖、程普是父亲辈的老同志，谁都不放在眼里；周瑜、张昭是哥哥当老总时的骨干，他们现在为我大包大揽；家族里我的舅舅吴景、堂兄弟孙贲等等，都在觊觎我的位子……我没有自己的人，没有人把我当回事，我像一个2B青年一样，每天穿得像模像样，看各种奇怪的人向我说着各种我似懂非懂的事，看群臣们当导演，指挥我扮演各种角色，我是东吴最高领导人，但更像一个职业扮演最高领导人的演员……只有一张哥哥孙策的遗嘱，证明我真实的身份。

有时候我想，这个CEO老子不干了！爱谁谁吧！有时候我想，有朝一日，我一定要把那些鄙视我、忽视我、轻视我的人全部杀光！有时候我也会想，我和汉献帝刘协比，谁更痛苦一些？

可回到现实，我必须振作：父兄用生命换来的东吴帝国，我必须用生命去维护！

我默默忍受着一切，默默观察着一切，默默准备着一切，默默等待着一切……我在各种压力之下耐心蛰伏。

机会就像一首意味深长的诗，它读起来美丽，背起来上口，它虽然一直在你身边，但直到你人生阅历丰富的时候，你才能真正理解它，真正会利用它，真正体会到它的价值。所以，必须等待。

2. 富二代接班后的人事整合

别的富二代掌权，都是风风光光走在星光大道的红毯上，因为有

父亲帮他们铺平道路，编织起似锦的前程。而我这个富二代，却是个灰头土脸走在泥泞小路上的孤儿，因为父兄都去得太突然。我只能自己给自己铺路。在接管了哥哥的嫡系部队之后，我开始动手了：

江东集团派系分布：

敌人	支持者	中间派
李术（内奸）——勾结曹操，不听中央	周瑜（哥哥的骨干）	程普（创业元老）
舅舅吴景（亲戚）——想要夺权		黄盖（创业元老）
		韩当（创业元老）
堂兄孙贲（亲戚）——想要夺权	张昭（哥哥的骨干）	虞翻（江东本地豪族）
堂兄孙辅（亲戚）——勾结曹操，企图夺权		顾雍（江东本地豪族）

（1）利用支持者打击敌人

我的第一个目标，就是依靠我的支持者张昭、周瑜，清除掉想夺我权的敌人：

庐江太守李术公然造反，我写信给曹操，请求曹操不要帮助李术，而曹操此时正忙于官渡之战，哪顾得上帮李术，结果李术孤立无援，被我擒住；

堂兄孙辅勾结曹操，企图夺权，失败后被幽禁起来；

舅舅吴景和堂兄孙贲，不得已离开政权核心，被边缘化而默默无闻；

……

第一次权力斗争结束，我排除了直接威胁我统治的人，压制住了那些有野心的人企图夺权的欲望，同时，张昭、周瑜则成为集团内的两大寡头。

（2）制衡老管理层内部人员

我的第二个目标，就是制衡周瑜和张昭，防止他们"一股独大"。

程普是父亲孙坚一辈的创业元老，东吴资格最老的将领，周瑜是哥哥孙策一辈的骨干，程普向来与周瑜不合，这样，我让程普和周瑜分列左右都督，以二元制的方式制约了周瑜的军权。

（3）提拔新人，培养自己的羽翼

我的第三个目标，就是逐渐夺回控制权。于是，我开始尝试让鲁肃、诸葛瑾这样的缺乏政治背景、没有江东本地豪强后台、没有原始派系的青年人进入权力中枢，他们要想在政治上有所作为，就只能依靠我的提拔。在军队系统中，我提了吕蒙（穷小子，没后台）、甘宁（原来是黑社会的老大，后来降吴）等人上位，张昭、周瑜的权势逐渐减弱。

家族第二代管理者必须提拔新人：

新人是自己提拔上来的，容易控制，容易管理，巩固自己的权力

新人和自己没有代沟，容易沟通，容易交心

新人得到锻炼后，成为后续的人才储备

新人容易突破传统思维，为企业创造新的增长空间

后来，因为赤壁之战时张昭成为主和派的代表，我把主战派鲁肃直接推向前台，而因为赤壁之战的胜利，彻底把张昭赶到了冷板凳上。我又通过战后对功臣的封赏，进一步提高了自己的嫡系在军中的地位，降低周瑜的影响力。随着周瑜短命地死去，我彻底扫清了所有障碍，独自站在权力的巅峰上，再也没有下来，成为真正的孙权！

那么，作为一个家族企业，我是如何做到让第一代创业元老、第二代家族成员和职业经理人各司其职的呢？

3. 企业的"过家家游戏"

家族企业的管理，我们说要去家族化，留家庭化。

去家族化，就是你的家族成员不要影响公司经营，在江东集团

"董事局"里的"执行董事"当中，基本没有家族成员，全部是创业元老和职业经理人。而留家庭化，就是要把企业文化弄得像一个大家庭一样，成员互相关爱，对企业有主人翁的意识。

把员工当家人，而不是把家人当员工。

企业家，就是把企业弄成一个家，不管你自己信不信，反正至少要让员工感觉企业就是一个家。

江东集团习惯了用"大家族"的企业文化管理，并以此作为人力资源管理的最高指导原则，所以，几乎没有政治斗争。"公司就是家，家就是公司"，所有的利益矛盾，都被这样一种理念领着。

（1）亲情文化

我手下有两员猛将，一个叫甘宁，另一个叫凌统，都是我的爱将。然而，这两个人的明争暗斗，从来就没有消停过，尤其是凌统，一心想搞死甘宁。

大家都是同事，有什么深仇大恨，非要置对方于死地？

还真有血海深仇。甘宁原是一个海盗，被夏口的守将黄祖收编。那年，哥哥孙策攻打夏口，他手下有一员大将叫凌操，这个人很猛，总喜欢冲在前面指挥船队，而这天，恰好遇到神箭手甘宁，一箭就把凌操射死了。事情也巧，后来，甘宁在黄祖那干得不开心，投奔了我们，真是冤家路窄！凌操的儿子凌统，正想着怎么逮甘宁呢，甘宁倒送上门来了！

有一次，凌统率军与曹兵作战，没讨得便宜，回来正生闷气，甘宁这时候挺气人，故意夸下海口说：我就带三百个人，就能打败曹兵。更气人的是，他半夜三更去劫营，居然偷袭成功，成功的标准是：三百个人都活着回来了，一个没折。

我当然要大肆宣传、摆酒庆贺了。因为这个小胜利，是我和曹操那次战争的唯一亮点了！甘宁满面春风，而凌统快气炸了，他拔剑谎称舞剑助兴，实际上意在甘宁。甘宁也拔刀"伴舞"。我一看这阵式，要出人命了！马上叫武将们把俩小子给按住了。我安抚凌统说："咱们江东集团都是一家人，何必有隔夜仇。"凌统大哭一场。

第二天，曹军来搦战。凌统见甘宁出尽风头，早站了出来。于是，我让凌统作先锋，亲自压阵。凌统太不争气，连曹军一个偏将也干不过，被掀翻在地，真是个悲催男啊……曹将举枪向凌统刺来……我给身边的甘宁使了个眼色……

主角是没那么容易死的，曹将中箭了。回到阵中，他正要感谢我的救命之恩。我说："救你的不是我，是甘宁啊。甘宁一箭射死了曹将。"凌统简直要崩溃了……从此，凌统和甘宁捐弃前嫌，拜把子成了兄弟。

我要说的重点是，如果有两家人或上代人的矛盾延续到下一代，"董事会"就有责任去化解它，而化解的基本理念，就是倡导亲情文化，不愿接受化解的，我绝不会让他进公司的中高层，因为他不认同公司的文化，就不可能全心全意为公司服务。

"过家家"的技巧：企业家庭日

家庭日，最早起源于联合国大会一项决议，提出每年5月15日定为国际家庭日，以促进家庭的和睦。尔后，家庭日在管理界成为一种对员工的激励机制，企业家庭日应运而生，许多公司争相效仿，为员工举办家庭日活动，邀请家庭成员共同参与，以促进员工情感的交流。时至今日，企业家庭日已成为各大公司的年度盛会之一。

（2）家人般的待遇

亲情文化，也体现在员工会受到家人般的待遇。比如，我喜欢把公司布置得像家一样，放在现在，就是微波炉，电冰箱，咖啡机，样样俱全，水果，饮料，点心，畅吃畅饮……

另外，高层人员去世了，我都会为他们穿素服，就好像自己的亲戚去世一样。周瑜病故后，我亲自穿着丧服，到周瑜老家迎丧，丧事各种费用全部由集团拨款。后来又发布命令：已故将军周瑜、程普的家丁，都"免税"。凌统因公殉职后，他的孩子还小，我将他领到自己的别墅，亲自扶养；吕蒙患了重症，我将他安排在我隔壁房

子治疗，不惜一切代价征求名医名药，为了关注他的病情，又不惊动他，我就在墙上凿了一个小洞每天"偷窥"……

因为我的示范作用，中高层管理人员也这样一级级如家人般对待自己的下属。

（3）家族联姻

整个江东集团中，上下三代人基本都有"关系"，不论是婚姻关系，亲戚关系，还是异性兄弟。周瑜的女儿，嫁给了太子孙登，周瑜的大儿子周循，娶了公主，小儿子周胤的老婆也是我们孙家的，职业经理人和富二代家族成员之间的联系更加紧密，利益更加紧密。

我们非常注重与职业经理人的婚姻关系：

我把哥哥孙策的两个女儿，一个许配给后来当上大都督的陆逊，一个许配给江东集团创始人朱治的儿子；我的夫人步夫人，是丞相步骘的同族……

我们也非常注重与股东的婚姻关系：

我把哥哥孙策的另外一个女儿，许配给江东四大家族之一的顾雍的儿子；另一大家族代表诸葛瑾——女儿是我儿子孙和的嫡妃……

我们非常注重集团内部管理层之间的婚姻关系：

张昭的儿子张承，和诸葛瑾女儿是婚姻关系……

我们更加注重集团和外部客户之间的婚姻关系：

我妹妹孙尚香嫁给了刘备，我本来想把我的儿子和关羽的女儿撮合，但关羽拒绝了，结果才导致了战争，否则，大家一家人，就不打了。

江东集团"大家族"的企业文化威力无比。在我统治江东集团的50年中，没有一起背叛的大案例，没有一起跳槽的大案例，没有一起员工矛盾的大案例。没有出过像魏国司马懿、蜀国魏延这样的反动人物。

一种组织文化，它如果能照顾员工的情绪、满足员工情感的需要，会产生非常强大的凝聚力。但你要记住："公司不是家，婆婆不是妈"。公司又不是真正意义上的家，在家里，子女犯错，啃老，任性，父母都是包容的，而企业绝不可以！"过家家"的文化，是建立在责任、权力和目标基础之上的一种管理艺术，而制度是根本，企业作为一个组织，要在管理上讲制度，在文化上讲感情。

4. "看功劳，更看苦劳"的激励制度

讲一个我一生中最难忘的故事。

有一次，周泰得到我的提拔，做了督军。昨天还是平起平坐的同事，今天突然成了领导，在上面发号施令，有人就会不舒服。最不舒服的是朱然和徐盛。小朱，我的同学，死党，关系亲密，战功累累。老徐，能征善战的猛将，当领导的料。

"周××的功劳超过我们吗？"老徐问小朱，小朱摇摇头。

"周××的能力超过我们吗？"小朱问老徐，老徐摇摇头。

周泰遭到下属的抵制，我不能不出面。

那天，我摆了酒席，邀请了诸位将领，一一敬酒。等我端着酒杯来到周泰面前，周泰早倒满了一杯酒，站起来就要干。而我，却突然把酒杯放下了，对他说了一个字："脱！"

@#￥%~！@*？&%￥！@？*……（现场都是乱码）

大家想，看来咱们董事长真的喝醉了！要一老男人脱衣服！陪酒的舞女不是在边上吗？

好奇的人们围了上来，盯着周泰。

周泰在众目睽睽之下真的脱了。

身材不错。

露出健硕的肌肉。

而更引人注目的，是他身上的伤痕累累！我指着一道伤痕，问："这道伤是怎么来的？"周泰回忆一下，说是在某次战斗中受的伤。我又指着另一道伤痕，问："这道伤是怎么来的？"周泰回忆一下，又说是在哪次战斗中受的伤。

……

"这些伤是怎么来的？"我指着好几道伤痕问。

场上鸦雀无声，周泰沉默了，陷入了深深的回忆，似乎在苦苦思索那次负伤的场景：

情景再现：20年前 安徽宣城

宣城大地，雨后初霁，山光如洗。一翩翩少年，白马青衣，一人一骑，自扬鞭奋蹄。

少年踌躇得意，骑良驹一跃已数里，然殊不知，危险正悄然而至。少年骑马刚转入一谷口，突遇大股山贼！山贼咆哮而至，少年急回马，山贼刀锋已中马鞍，少年大惊，高声呼救，命在旦夕。在这千钧一发之时，后面的情节竟然和现代导演的众多武侠剧不幸雷同了：

一大侠从天而降！使出"降龙十八掌"……啪啪啪……冲到少年面前，用身体为少年遮挡住从四下里砍过来的刀，顿时血肉四溅，保护少年的卫兵们终于赶来，为大侠所感动，个个以一当十，与山贼拼命，山贼一看遇上愣头青了，胆怯地跑了。少年安全了，而这位见义勇为的同志，失血过多，昏死过去了。当英雄被急救苏醒过来时，医生验了这次战斗所受的伤：一共十二处！

演员表：孙权 饰少年　周泰 饰大侠

我握着周泰的手，泪水纵横："你为兄弟作战，不惜生命，我又怎能忍心不以骨肉之恩对待你，把军国重任交给你呢？我一定会与你同荣辱！

这时，最尴尬的不是脱光了的周泰，而是朱然和徐盛。

俩人服不服？服了。因为领导比的不是工作能力，而是工作态度。

在家族式管理模式中，企业的利益背后，是家族的利益，但表现在台面上的，是企业成员个人的利益，而如何将这三种利益统一起来？那就是倡导利益与每个人息息相关的思想，把利益捆绑在一起。同荣辱，等休戚！

"过家家"的技巧——家族企业的激励机制

发展激励——为员工个人成长和发展构建通道；
工作激励——让员工从工作中享受到满足感和乐趣；
授权激励——充分放权，为员工提供施展才能的舞台；
股权激励——让家族企业员工都持股，组成利益共同体。

5. 信任与授权

　　《三国演义》中有这样一段——吴国大都督周瑜，就他要跳槽到曹魏集团的传闻，在赤壁接受"战地特派记者"蒋干的"采访"时做了澄清：

　　原文如下："大丈夫处世，遇知遇之主，外托君臣之义，内结骨肉之恩，言必行，计必从，祸福共之。假使苏秦、张仪、陆贾、郦生复出，口似悬河，舌如利刃，安能动我心哉？"（《三国演义》第四十五回）

　　这段的意思很明确，周瑜提出了三点不走的理由：

　　（1）"知遇之主"——孙氏家族对他知冷知热，他和孙氏家族的感情很深；

　　（2）"骨肉之恩"——高管和孙氏家族有婚姻关系，而不是简单的雇佣关系；

　　（3）"言必行，计必从"——孙氏家族放权，对他充分信任。

　　前面两点都讲过了，关键是第三点。这才是周瑜留下的最重要的理由。

　　周瑜是我任命的第一任"CEO"，周瑜的这句话，就是我充分信任属下的良好注解。每当大战来临，我总是召集群臣商议，选派大将，自己则退居二线，任由前线主将发挥，绝不遥控指挥。有领导的充分信任，前方的将帅才能大展拳脚。

　　对于如何信任和授权，请关注刘备同学的演讲，对于我选择职业经理人的技巧法则，请参见我的下一场演讲。谢谢。

富二代家族企业生存法则：

1. 建立家族的核心价值观，统一家族成员的思想和行动
2. 尽快嫁接现代企业制度，积极把家族企业社会化
3. 利用家族企业的优势，构建控股权和管理权两权合一的管理模式
4. 构建家族企业的大家庭文化体系
5. 及早选拔和培养第二代接班人
6. 建立和完善权力交接的协调机制

姓名	袁绍
籍贯	河南
职位	河北集团创始人
管理成就	依靠人脉关系、资本运作和对竞争对手的打压，创立了河北集团，一度成为当时实力最强的集团。
参赛宣言	拒绝拖延。

演讲题目　拒绝拖延

三国管理委员会

我叫袁绍，袁绍的袁，袁绍的绍。

曾经的我，是诛杀宦官的主谋，彻底割除了困扰汉朝300年宦官专政的顽疾。

曾经的我，是一呼百应，率关东群雄讨伐逆贼董卓的"带头大哥"。

曾经的我，手下能臣武将如云，被认为是最有实力统一中国的主公。

"根正苗红"的我，拥有"四世三公"百年老字号的河北集团，控四州之地，俯视天下。

然而，却因为一场不是病症的病症，让我前后判若两人！

究竟是什么病症？让我从成功的巅峰，迅速坠落到失败的深渊？是什么病症，能改变一个人的命运，集团的前途，帝国的江山？

说出来大家可能不信。

"带头大哥"带了什么头

故事还得从我做"带头大哥"的那一年说起。那一年，曹操还没有爆红，刘备还不会装怂，孙权还挂着鼻涕虫，诸葛亮还少年懵懂，关羽还是个新兵蛋子，貂蝉还是个黄花闺女……而我，已经是

统领十八路诸侯讨伐董卓的主帅。

董卓，一个西凉的军阀，可能是西北风喝多了撑的，竟然带着部队，跑到京城来"挟天子以令诸侯"。怎么能把皇帝当儿戏，把诸侯们当空气？这让诸侯们很生气！十八路诸侯集体发力，发誓联合反董，并推举我为盟主。

可是，讨伐董卓的战争，大家本以为是轰轰烈烈，现实情况却成了"奇怪战争"、"静坐战争"。除了曹操、孙坚等少数的"志愿者"卖力干活，主力部队却都在"养精蓄锐"。曹操败了，催我发救兵，我拖着。孙坚胜了，催我发军粮，我拖着。虽然皇帝被董卓欺负着，西凉兵继续张牙舞爪着，可我一直在犹豫不决，不进军，也不撤军，天天和诸侯们吃喝，好像打仗就是请客吃饭。最后拖到军粮快消耗光了，联盟只能散伙了，讨伐董卓的事就这样被拖黄了。

是什么导致的这次拖延？目标不清晰！

虽然大家都吵着要打董卓，但是，怎么打？谁先上？谁后上？是单挑还是群殴？打到什么程度？究竟是要把董卓灭门，还是把他个人做掉，还是废掉一条胳膊，还是说踢两脚扇个耳光就完了，没有清晰的目标！所以，大家不知道该怎么打，就没人动手。而且，十八路诸侯各有各的目的，有来旅游的，有来看热闹的，有来趁火打劫的，大家的目标都不一致，所以，只能拖。

这就是拖延症。我的拖延症病史，大概就是从那时起的吧。拖延有很多原因，但它注定是失败的诱因，一个人患上拖延症，注定人生失败，一个企业患上拖延症，如果不能拒绝拖延，那就将是绝症！

拖延的诱因1：目标不清晰

没有目标，何谈行动？企业如果做到快速反应，必须在每一步都制定清晰的目标，同时，也要有时间目标，严格按照目标计划执行。

"拼爹时代"的困惑

我，英俊潇洒，系出名门，典型的"高富帅"，而曹操，相貌丑陋，对不起观众，出身宦官，对不起组织，典型的丑小鸭。可是，作为"高富帅"的我，无论打架，还是泡妞，还是管理水平，都比不上曹操。这是为什么啊？上天难道如此公平吗？

话说讨伐董卓的联盟破裂之后，大家就开始单干了，为了争地盘大打出手。我和曹操也是剑拔弩张，积极扩充军备。就在我与曹操大战即将展开的前夕，曹操后院起火，投靠曹操的刘备叛变了，占领了曹操的徐州！这时，曹操两面受敌。他如果先打我，刘备肯定会在徐州发展"敌后抗曹根据地"，如果先打刘备，我背后给曹操一刀怎么办？

最终，曹操决定"攘外必先安内"，先消灭在徐州立足不稳的刘备。曹操的将领们都担心我趁机端他老巢许都，曹操内心也很折磨，但为了安抚下属，假装胸有成竹："袁绍虽有大志，而见事迟，必不动也。"《三国志·武帝纪》

果然，等曹操击溃了刘备，我们的十万大军还在黄河边上晒太阳、搞"夏令营"呢。

是我太傻吗？当然不是。是他运气好。

我手下有个非常聪明的谋士，叫田丰，他来劝过我趁机赶快行动，而我何尝不知道？然而，我却被另一件事折磨得不成人样，都有自杀的心：我最爱的小儿子得了重病，快死了！你说，作为一个父亲，创业不就是为了子女在"拼爹时代"不输给别人？如果孩子真的死了，我还创业做什么呢？儿子都要夭折了，我还不多陪陪孩子？哪有心思去开拓市场呢？就这样，我放弃了打击曹操的大好时机。谁知道，田丰一点人情味都没有，当着我面摔东西表示不满，我本来就心情极差，因此对田丰怀恨在心。

我的拖延症加重了。

拖延的诱因2：因为偶发的情绪，打乱了既定的计划

领导者也是人。作为一个父亲，有这样的情绪是正常的，但作为一个领导者，就是不正常的。你不是一个人在战斗！你关乎的是股东的利益！下属的前途命运！下属都是你的"子女"，必须以组织整体利益作为决策的出发点！

机会稍纵即逝，不能因为个人情绪导致拖延。

你是我心中永远的痛

曹操得胜回来了，士气很旺，这时候我也有点后悔，当初没有偷袭许都，但是，这个讨厌的谋士田丰，总提起这事，碰我伤疤，我十分恼火，就决心马上干一场，田丰这乌鸦嘴却和我唱反调，说现在不能打，打了要失败！

我暴跳如雷，把田丰关在牢里，想想我得胜回来，再找他算账。

河北集团的大军开始行动了，一场波澜壮阔的史诗般的战争打响了。这次去，一定和曹操拼个你死我活！什么叫你死我活？就是你死，我活！

然而，后面啥结果，你用"百度"搜一下"官渡"。

事实证明，我这次，在一个不恰当的时间和一个不恰当的人打了一场不恰当的战争，失败是很恰当的。田丰的预言一直很准。

回去后，我的第一件事，就是把田丰从监狱里"请"出来，然后就给"咔嚓"了。

原谅我吧，田丰！你是明白人，怎么偏偏这一点就不明白？领导都是要面子的！如果我得胜回来，我会羞辱你一番，把你放了，可是，我惨败回来，我没脸见你，因为你是我心中永远的痛。

我的拖延症已经深入骨髓。并引起了抱怨、报复等并发症。

拖延的诱因3：心态消极，害怕承担后果

一个企业最可怕的不是错误，而是对错误作出错误的反应。

心态消极，是拖延的另一个诱因。因为害怕承担失败的后果，而故意为自己的错误决定做掩饰，就会一错再错，从前的错误拖着无法解决，反而继续扩大。管理者如果有一个积极的心态去面对错误，错了马上掉头，立即改正，就不会让错误蔓延。

"高富帅"完败于"丑小鸭"

官渡之战中，虽然时机选择不佳，但是，河北集团的实力远大于曹操集团，如果运作得当，还是大有胜算。

比如，有个谋士建议我说，曹操兵少，主力都集中在官渡，后方空虚，如果派出一支轻骑，偷袭许都，必定成功。又是偷袭许都！这些人能不能有点创意？！

我的拖延症又犯了！想想自己有优势兵力，冒这个险值不值得？是否要做一个风险评估？许都有多少兵力？是否要去做个实地调研？就这样下不了决心。事实上，曹操最担心的就是这招最没创意的，因为许都一直在唱空城计呢！

而在官渡之战中，最起决定作用的，还是那"冬天里的一把火"。

我和曹操在官渡相持。眼看就要到冬天了，我们的粮食快吃完了，士兵衣服也不够御寒了，我就派人从河北运粮运衣服过来，屯积在距离部队驻地约20公里的乌巢，注意，不是鸟巢。

一天，我得到一个消息：曹操亲自出动，率兵来偷袭乌巢。他怎么就那么有决心呢？

我无法判断曹操偷袭乌巢这一消息的真伪，也无法判断是不是曹操亲自带了主力部队，所以，我只派了一小股部队去救援。我把河北集团的生死托付给了一丝侥幸。

直到我在军营里望到乌巢方向那冲天的焰火，在黑夜里那么夺目，那么绚烂，让人眼前一亮！

我眼前一黑！带队的真的是曹操啊！一小股部队怎么搞得定他？

粮草全部烧毁了。

乌巢，乌巢，地名太不吉利，要是鸟巢就好了……

拖延的诱因4：做事下不了决心

做事下不了决心的管理者，稍一拖延，就会处处被动。你如果改变不了这样的性格，那就必须找一个能帮你做决断的下属，或一个决策团队，创建一种决策机制，这样可以避免拖延。

冬天里的一把火，烧毁了我高富帅的对外形象，烧毁了河北集团的傲慢空虚，烧毁了我统一北方的梦想，也烧毁了历史留给人们的所有假设和遗憾。

我带来的十万大军，无衣无食，马上变成了丐帮，仓惶逃命，最后只剩下800人。

我的拖延症已无可救药。最终害了自己，害了整个集团，成就了曹操。

好谋无断，是曹操对我的评价，你们觉得呢？

假使我没有得拖延症呢？一切会是什么样子？

拒绝拖延的办法：

1.心态积极
2.制定清晰的目标
3.改善工作方法——学习提高效率与时间管理的方法
4.马上行动——创建行动日志

姓名　郭嘉

籍贯　河南

职位　曹魏集团智囊之首

管理成就　作为曹魏集团的首席管理顾问，提出过诸多创造性的管理思想，为曹操统一北方奠定了理论基础。

参赛宣言　我是鬼才，算无遗策！

演讲题目　简单高效

三国管理委员会

"下面播放一条最新消息：

中国共产党的第八届七中全会在北京人民大会堂举行……毛泽东发表重要讲话。他在讲话中指出，希望党的各级领导干部认真学习《三国志》中的《郭嘉传》，学习曹操的谋士郭嘉。毛泽东强调，郭嘉足智多谋，而曹操能够问计于郭嘉等谋臣，听取他们的意见，果断作出决策。"

如果当时有《新闻联播》，这一定是头条新闻吧。

这并不是我的杜撰。毛泽东曾经在第八届七中全会、政治局扩大会议、庐山会议等场合，不止一次提到过我，鼓励大家学习我。

两千年前，曹操对我言听计从，我死后对我怀念不已，两千年后，我仍然活在领导人的心里，潜移默化地影响着千千万万的管理者们。

为什么？

我从27岁加入曹操阵营，到38岁离世，可以用"惊艳"来形容。有人说，这十一年，我简单而高效，做了别人几辈子都完成不了的事情，达到了别人一生都难以企及的高度。也有人说，这十一年，我"算无遗策"，每次提出的分析方案一针见血，提出的解决方案简单、效率高，让曹操在兼并收购中所向披靡，这是不是对一个从事管理咨询业者最高的评价？

那么，简单高效的秘密在哪？

一生只做一件事

有人说我生性孤傲，是啊，我朋友不多，因为那些琐事和无意义的事，我懒得去做，一些平庸无聊的人，我懒得去应酬，别人对我的评价和误解，我也懒得去关注，我就是我，这就是我，活脱脱一个《射雕英雄传》里的黄老邪。

我交友非常挑剔，只与心目中的仁人志士来往。我择业也非常挑剔，只在有效率的公司里供职。我曾经在袁绍那里做过，我发现他做事瞻前顾后、虚张声势，喜欢拖延，没效率，果断离开了他，用现在的话讲，就是"裸辞"。

通过别人的推荐，我得到曹操集团的一个面试机会，面试的细节我已经回忆不起来，只记得面试出来后，我掩饰不住内心的激动，自言自语地说："真吾主也！"而曹操当着众多高管的面说了句："使孤成大业者，必此人也！"心灵的共振，是如此强烈。

在集团里，虽然曹操没有给我一个好看的title，我只是一个虚职，名片并不吓人，但是我知道，你的威望和领导力，不是名片上的title，而是你的实际工作能力。

因为我不愿意把自己的精力消耗在日常的琐事上，主管纪检的陈群同志不止一次检举我的工作作风问题和考勤问题，我也懒得去解释，因为好的领导只看结果。

那么，有人问，我这也不做，那也不做，我在做什么呢？

这一生就做一件事：钻研战略战术，为曹操提供管理咨询。我用我80%的时间，去做我认为20%最重要的事情。所以，我分析时局战局非常准，我的一个金点子，就能为整个集团带来超额收益，就凭这一点，谁能不尊重我？

管理者同样如此，不能把自己的精力消耗在琐事上，该集中力量办大事。而作为一个企业，也不能什么都涉猎，要集中精力在主营业务上，磨尖你的刀。世界上最伟大的公司，都是简单而单一的公司。

秘诀一：二八原则

一个人一生的成就，来自于20%最重要的事情上；一个企业80%的利润，来自于它20%的大项目，20%的大客户；80%的销售额，来自于20%最优秀的营销人员。所以，我们应该把80%的时间、80%的资源、花在这20%上。

我最经典的管理案例，就是策划了整场官渡之战。官渡之战，是北方两大集团争夺北方市场的决定性战争。

我们先看下战前曹操、袁绍的实力对比图：

现代商战《十胜十败论》

曹操VS袁绍

	曹操	袁绍
军队数量	2-3万	10万
有效控制地盘	两个州	四个州
经济实力	吃饭只够三个月	粮草充足
后方稳固程度	四面受敌	非常稳固

这是一个重量级的比拼吗？在两大集团的硬件设施上，曹操远不如袁绍。

曹操的另外一个"管理顾问"、孔子的二十世孙孔融，以圣人的口吻告诫曹操："朝闻道，夕死可以"，不对，他是说"朝闻绍，夕死可以"。孔融的意思很明确，曹操打袁绍，那是中国男足碰巴西男足，找死！灌你个10:0玩一样的。

然而，我告诉主公曹操，咱肯定能赢！

赢在何处？

我有个著名的论断，叫《十胜十败论》：

绍繁礼多仪，公体任自然，此道胜也；绍以逆动，公以顺率，此义胜也；桓、灵以来，政失于宽，绍以宽济，公以猛纠，此治胜也；绍外宽内忌，所任多亲戚，公外简内明，用人惟才，此度胜也；绍多谋少决，公得策辄行，此谋胜也；绍专收名誉，公以至诚待人，此德胜也；绍恤近忽远，公虑无不周，此仁胜也；绍听谗惑乱，公浸润不行，此明胜也；绍是非混淆，公法度严明，此文胜也；绍好为虚势，不知兵要，公以少克众，用兵如神，此武胜也。（《三国演义》十八回）

翻译成现代商战的语言，可以用一个表格来表示：

现代商战十胜十败论：

	袁绍	曹操
企业运营	机构复杂，派系斗争激烈，行政效率差	机构简单，行政效率高
	规章制度模糊不清，无章法可依	严格的规章制度
	管理比较松散，不利于集中力量打大仗	精细化管理在每一个细节
	缺少核心愿景，市场号召力弱	挟天子以令诸侯，号召力强
	目光短浅，急功近利，容易为陷阱所诱惑	目光远大，志在统一全国
CEO气质	使用亲信，而忽视真正人才	唯才是举，求贤若渴
	优柔寡断，决策能力差	超强的决断能力
	容易被手下人的小报告影响判断	超强的判断力和洞察力
	沽名钓誉，和下属抢功	给下属更多发挥的舞台
	缺乏手腕，缺乏应变能力	非常有手腕，应变力强

这是老板所读到的史上最为励志的一篇报告！

曹操看过之后，像吃了一斤冬虫夏草，精神大振，再无犹豫，喊哩喀喳，一举把袁绍赶回老家！更多具体的内容，可参见袁绍的《拒绝拖延》。

简单而高效的公司，赢在企业的软实力。有软实力做后盾，容易战胜貌似强大的公司。

同样，十胜十败论适用于现代商战。企业之间的竞争，拼的是企业运营能力和CEO的管理水平，当你面对竞争对手时，上面的十个关键指标，对比一下，谁强谁弱，立见分晓。

秘诀二：减掉一身的赘肉

放弃所谓的强大，所谓的巨人姿态，不如做一个全身肌肉、反应灵活的小个子。所以，企业要加强锻炼，减掉一身的赘肉，机构该合并合并，该外包的外包，只要利润越做越大，不在乎规模越做越小，不创造利润的部门和人坚决裁撤，增强体质。

经典的工作汇报

从这段内容中，我们还可以学习到：身为部属，对上司汇报时应掌握的原则，那就是，简单、清楚、明白、条理分明。

仔细看这段十败十胜分析报告，没有一句多余的话，而是以条列的方式，逐一说明，并加以对比分析，使整段谈话简明扼要，一针见血，重点明确。

有些人抱怨他的主管没有耐心，对其报告不能仔细倾听。的确，主管应该耐心听下属的报告，但下属也应该考虑，是否自己的报告内容冗长繁复，又掌握不到重点，那就不能责怪主管，应该自我检讨了。好好看一下这段内容，可作为给上司报告时的经典模板。

秘诀三：放弃繁文缛节

一个高效的企业，领导要求下属的工作汇报，不能超过一张纸，汇报时间不能超过三分钟，而且，必须把每个要点都列出来。

科学的分析方法

从事咨询行业这么多年，我掌握了一套科学的分析方法，可以用来分析企业：

案例1：
曹操大军与袁绍在官渡相持，刘备在曹操背后蠢蠢欲动，想袭击曹操大本营许都。正面的强敌已难于应付，曹军还能不能分兵解决刘备呢？
建议——事不宜迟，先打刘备，然后再回师对付袁绍。
理由——袁绍优柔寡断，不会迅速作出反应。刘备人心未归，立足未稳，迅速进攻，必败无疑。
结果——曹操举师东征，大破刘备，袁绍果然没有作出反应。

案例2：
曹操大军与袁绍在官渡相持，孙策在曹操背后蠢蠢欲动，想袭击曹操大本营许都。（注：孙策，号称"小霸王"，骁勇善战，此前，他以所向披靡之势，占领了整个江东。）正面的强敌已难于应付，曹军还能不能分兵迎击孙策呢？
建议——集中精力对付袁绍，当孙策不存在。
理由——孙策刚刚吞并江东，所杀的都是英雄豪杰。而孙策本人又轻率，疏于防备，必然死于刺客之手。
结果——孙策被我的乌鸦嘴说中了！三名刺客为主人报仇，用毒箭重伤孙策。

案例3：
曹操大军与乌桓在东北相持，刘表在曹操背后蠢蠢欲动，刘备怂恿刘表袭击曹操大本营许都。正面的强敌已难于应付，曹军还能不能分兵防备刘表呢？
建议——集中精力对付乌桓，当刘表不存在。
理由——刘表只会空谈，不实际，不求进取，才能不如刘备，又怕刘备超过自己，绝不会听刘备，所以不会有行动。
结果——曹操北伐七年之久，刘表严格遵守"和平共处五项原则"。

我是郭嘉，不是预言家！我不是先知先觉，也没有"穿越"！可是，为什么分析就那么准呢？因为我有一套科学的推理方法。在研究企业行为、研究市场形势，完全可以借鉴。

分析成败，落脚点其实在对人、对人性的分析上，你要先掌握事实，做大量的调研，才能有所依据：

第一，企业是由人组成的团队，你去研究团队的企业文化，可以判断企业的行为。

第二，尤其对于私营企业来说，老板的性格脾气往往会成为企业性格的重要特征，研究企业领导者的脾气性格、社会关系、人际交往，可以判断企业的行为。

> **秘诀四：看问题抓重点**
>
> 　　企业家每天都会被大量的人和事所困扰，所以，在分析一件事情的时候，必须找到事情背后的主干，忽略大量的表面现象和呈现出来的细枝末节。

那一场难忘的马拉松

刚才谈到曹操和乌桓的战争，这从何说起呢？

乌桓，是盘踞在东北的少数民族，一直把河北的袁绍当老大哥，曹操灭了袁绍，乌桓扬言要给袁绍报仇，所以曹操想，干脆连报仇的人也杀了，这才放心。于是，我劝曹操立即行动，先下手为强。就这样，曹操奇袭乌桓，打了他们个措手不及。

乌桓一看不对，撒丫子就跑。曹操有些犹豫，追吧，怕孤军深入，不追，怕错失机会。于是，把这个难题抛给我。我说，兵贵神速，打仗就是看谁跑得快，我们追上他们就赢了。

可是，人家是乌桓，可不是乌龟，乌桓人地处东北，在现代来说，就是盛产马家军的地方，又是盛产骏马的地方，跑起来谁能追上？

我又劝曹操，"不如留下辎重，轻兵速进，攻其不备。"

意思就是，东西都扔了，脱光了裸奔，跑起来会快一些，简单才能高效嘛。

于是，部队那个场面啊，就像现在的万人马拉松，铠甲不穿，吃的也不带，只顾往前跑。我们还找了向导，挑了条泥泞的近道，趟着泥向前冲。

乌桓这辈子第一次见到有这么赛跑的，也注定是最后一次。他们还在谈论曹操不可能找到他们的时候，就看到背后有这么一帮泥人，疯子一样冲过来了，什么都不穿，就拿了把刀，过来就乱砍。乌桓们怎么也想不通，到死都没想通。

因此，"说曹操，曹操就到"这句话成为经典。我的计谋，成就了曹操的速度。

后来，这一战成为战争史上"闪电战"的又一经典战例。

秘诀五：快速反应，立即行动

事情的成败，其实在于关键的三点：第一，方向对，第二，行动，第三，坚持。你希望什么，就要马上主动去争取，然后坚持下去，不要等到万事俱备了再去行动，那样早已经错失机会。相信一切皆有可能，事情都是在行动中逐渐完善的。

可是，事情永远都是两面的，因为这次从河北到东北的马拉松，我一方面水土不服，一方面体力严重透支，竟然就这样"猝死"了！

于是，我的管理思想，没能在三国时代全面开花，也没能和后来出道的诸葛亮碰撞出火花。只能是那瞬间绚烂于夜空的烟花，又好像那惊鸿一刻绽放的昙花。最终，全部化作了曹操哭我的泪花："哀哉奉孝！惜哉奉孝！痛哉奉孝！"（郭嘉，字奉孝）不得不说是三国时代最大的遗憾！

姓名	张辽
籍贯	山西
职位	曹魏集团南方大区总监

管理成就 他，是一个不断跳槽而最后取得成功的优秀管理者典范，他，作为中层管理干部，是曹操市场收购兼并中的骨干，之后，他为曹魏集团坐镇南方大区十余年，是曹魏集团南方的擎天柱。

参赛宣言 不是老板的嫡系也能当上总监！

演讲题目 高管是如何炼成的

三国管理委员会

如果有那么一个人，跟哪个领导，哪个领导就玩儿完，这样的"奇迹"，在他不到十年的职业生涯中，竟然接连发生四次！他该怎么办？

如果有那么一个人，满腔抱负，一次次努力去书写人生的华丽篇章，可每次都写了一半就遇电脑死机，还来不及存盘，他该怎么办？

如果有那么一个人，一心在职场上卖力向前奔，却一次次被突然间按了返回键，需要从头再来，重新开始，他该怎么办？

这是我在职业生涯头十年的真实经历。

从"老板克星"到"职场杜拉拉"

我的第一个领导是何进，我跟了何进，然后何进就死了，又跟了丁原，丁原死了，接着，我又转到董卓下面办事，董卓也死了，后来，我开始追随吕布，可是，吕布也死了……

我难道就是传说中的"老板克星"吗？

然而，就是这样一个"老板克星"，竟能突然转势，然后势不可挡，气势如虹，最终成长为三国里最牛的"区域总监"，虽然不是老板的嫡系，却获得了比嫡系更高的待遇和成就：

曹魏集团四大"区域总监"里唯一不是曹操嫡系的；

唯一一个受到曹操亲自迎接慰劳，和曹操同车的"区域总监"；

哥哥和儿子都封了侯；

集团第二代领导人曹丕送了别墅；

母亲被筑殿供奉；

……

那么，我是如何从"老板克星"华丽转身，上演三国版"职场杜拉拉"的呢？

傍红花，做好绿叶

加入曹操团队那一年，我30岁，正值干事业的黄金时期，当时却在事业最低谷。辛辛苦苦在上一任老板身边积累的资历和信赖，再一次荡然无存。那时，我已经没有别的要求，只是心里祈祷，我的老板克星"神话"别再上演了，祝愿新老板曹操能多活几年。

可是，有人不想要曹操活！北方实力最强大的袁绍集团，已经把曹操拉到"死亡黑名单"里了，他派出集团里武力最强的大将颜良，在一个叫白马的地方集结部队，准备置曹操于死地。

颜良勇不可挡，已经杀了两个我方的武将，曹操的老员工都不愿和他硬碰硬拼命。于是，我被派到了前线，我的搭档是关羽。关羽和我是山西老乡，本来服役于刘备，被我说服给曹操打工，当时还处在"试用期"。两个"新人"，谁都想借这个机会表现一下。

那一天，我们和颜良部队摆开阵势，剑拔弩张。这时突然发生了一个意外：关羽同学骑的赤兔马是宝马，飙起来特别快，他远远望见颜良的车，不管三七二十几，开着宝马就冲过去了！突发事件把我也给整懵了，更绝的是，在这种关键时刻，这种事故多发地段，颜良同学竟然都能走神儿！或许是近视眼？反正，等他看到一个黑影过来，正准备摆好Pose，问好是哪部分的再厮杀，却已经被关羽给"秒杀"了！我终于反应过来，趁此机会，我赶快带领一支部队冲杀敌军，白马之战大获全胜。

白马之战迅速胜利了，整个战役似乎成了关羽一个人的秀场，《三国演义》里还有段描写，把关羽成功塑造成"孙悟空"的形象：

"关公奋然上马,倒提青龙刀,跑下山来,凤目圆睁,蚕眉直竖,直冲彼阵。河北军如波开浪裂,关公径奔颜良。颜良正在麾盖下,见关公冲来,方欲问时,关公赤兔马快,早已跑到面前;颜良措手不及,被云长手起一刀,刺于马下。忽地下马,割了颜良首级,拴于马项之下,飞身上马,提刀出阵,如入无人之境。"

战后,关羽由于抢了出彩的活,成了主角,我被人们忽略。其实,作为另一先锋的我,带着大部队冲杀颜良的部队,击溃颜良主力,也是拼命的活啊,但没人提也没人关心,光芒完全被关羽掩盖了。

然而,我十分清楚自己的角色,在这一阶段,我的职责就是做绿叶。关羽虽然处在"见习期",但是,是曹操心仪已久的人才,是我刚从刘备那里替曹操挖出来的,老板急需给他找个表现机会,树立他的威信,领导虽然表面上把功劳都给了关羽,可别以为领导都是傻瓜,他非常清楚谁付出了多少,谁的价值所在。做绿叶,是老板交给我的重要任务!之后,我不断去充当关羽的"绿叶"。光芒和虚荣不重要,关键是上位,果然,不久,我的提拔委任状下来了:我,因为傍着关羽这朵"红花",从一个普通将官,被提升为裨将军(五品),而这离我任职还不到两年!

不要去与老板身边的红人看齐,不要因为做了绿叶而心理失衡,一个人不可能永远都做主角,就是孙悟空那样的本事,也必须做配角。没有哪个领导会喜欢一个缺少团队精神的员工,但是,你做配角的时候自己要清醒:跑龙套,是为了以后做主角,而不是稀里糊涂被人利用。

在曹操打败袁绍之后,集团迁到了新的总部——河北的邺城。然而就在总部搬迁不久,新总部里却发生了一起命案!事情的经过是这样的:

一天,曹操和"保安部"的许褚等人正要进总部大楼,突然听到背后有人喊他的小名:"阿瞒"。"阿瞒"这个名字,曹操成年后就很少有人叫了,如今当了老总,这个名字早就被封杀了,是谁又从箱底翻出来了呢？一看，原来是"企划部"的许攸。许攸和曹总是老乡，从小玩大的，没大没小惯了，另外，许攸在曹操和袁绍的战争中做出了特殊贡献，他从袁绍那里反水投奔曹操，带来重要军事情报，奠定了胜局，确实是大功臣。可是，这个人当着众人的面说了句非常欠抽的话："阿瞒啊，没有我，你们能进这门吗？"

许攸立功大，这毋庸置疑，然而，战胜袁绍，是多种因素决定的，是集全集团之力，有领导的管理有方，谋士的集体策划，也有对手的主动犯错，还有我们这些将士的浴血奋战，而他这话，明显是淡化别人的贡献，跟领导抢功。

众人大惊，都看曹操的反应，曹操嘿嘿笑了笑，没有发作。

而许攸绝对是脑子被这大门夹过了，一天，许褚正要进总部大楼，许攸又过来了，冲许褚说：没有我，你们能进这门吗？我怀疑这丫每天吃饱了撑的没啥事，就等在大楼门口，逢人就说这句话的！许褚是个粗人，没那么大忍耐力，和他争执起来，一气之下竟然杀了许攸。

出了命案，这事非同小可，然而，曹操却只是轻描淡写责怪了许褚几句，便私了了这件事。可见曹操对许攸的厌恶。

曹操这个领导不算小心眼，有人骂过他，背叛过他，他都该用用，该提拔提拔，但是，任何领导都不喜欢下属和他争功，比他高明，他可以在表面上把功劳归于下属，借此激励下属，但是，下属如果拿领导不当回事，那是职场的大忌。

有一次，我跟着曹操去追击袁绍的残余部队，却不小心走进了敌人的包围圈，他们磨刀霍霍，只等着报官渡之仇。曹操害怕了，要退。我认为，临阵退兵，军队必然溃败，而袁绍的残余部队战斗力不强，人心不齐，不用害怕！曹操一看我胆大，直接就把麾旗给了我。这说明什么？

第一，麾旗象征全军最高指挥权，那是叫我临时做总指挥啊！我表现的机会来了啊！

第二，麾旗是敌方攻击的主要目标，那是让我用生命承担失败的风险，做活靶子啊！

世界上哪有没风险的机会？哪有没付出的成功？

而此时的我，接过麾旗，热血沸腾，第一个冲进敌阵，引军突

击，这一战，杀得是天昏地暗，日月无光，敌人最终溃败，对方邀来助战的单于首领蹋顿，稀里糊涂死在里面，20万敌军成为俘虏！

这是我的功劳吧？可我把功劳都归结给领导，在庆功宴上，曹操表扬我，我还是憨憨地一笑：都是领导给机会啊！

我又升了，得到了中坚将军（四品）的职称。

高管成长睡白金：

别老想着和领导争功。因为没人能争得过自己的上司，上司再没本事，他抢功的本事也比你高，因为他是你上司，他掌握着话语权和你的命运。公司里同事间朝夕相处，谁不了解谁做了多少事？你的功劳口头上归结给领导，而其实都在大家心里。如果实在遇到非常爱抢功的上司，那么，我劝你多发邮件抄送，多发微信圈，把你做的每件事的每一步进展群发。

自己得有两把刷子

想走得更远，除了职场的技巧，更需要自身的工作能力，自己没两把刷子是不行的。

进入曹魏集团以来，我一直都具备很强的危机意识，因为我不比那些功臣元老，也不比那些皇亲贵戚，我是从零开始，就必须多付出，多提升自身的业务能力。我在曹魏的头十年中，完成了从单一的军事人才到复合型人才的转变：

个人工作小结

姓名：张辽　出生年月：169年　工龄：20年　政治面貌：群众

个人评价：

自从加入曹魏集团以来，我不断挑战自己，不断更新自己，而更重要的是，是集团和领导给了我这样一个提高的机会和锻炼的平台，使我在各方面都有了喜人的进步，我的进步提高可以表现在以下几点：

1.具备了较高的地方管理水平

任职××期间，我代表集团到新征服地安抚民众，使当地紧紧团结在以曹领导为首的政权之下。

2.提高了反恐能力

任职××期间，曾先后粉碎了赵国、常山、辽东一带的恐怖组织，保障了集团后方的稳固。

3.具备了良好的谈判能力

任职××期间，劝降昌狶、缘山和黑山等地的恐怖组织，壮大了集团的力量。

4.具备处理突发事件的能力。

征讨荆州期间，军队中有人作乱，我立即采取应急措施，平息了内乱，使集团免受更大的损失。

公司意见：＿＿＿＿＿＿＿＿＿＿＿＿＿＿＿＿＿＿＿＿＿＿＿

看，在给领导的工作小结里，虽然表面上是感谢公司和领导给了自己机会，但实际上还是要强调自己有哪几方面的能力，而且，是从工作中真正得到提高的能力！

在业务水平提高的同时，我的机会也逐渐到来：当我扫平了河北山东的恐怖组织归来时，曹总亲自出城迎接我，和我同坐一辆车，并封我为荡寇将军（三品），我感到了莫大的荣幸。而在我征讨荆州，平定江夏时，我被封为都亭侯。成了人人羡慕的"火箭干部"。

高管成长脑白金：

所谓低调，也是需要实力和本钱的，否则，低调就是无能。在职场里，你一定要有靠山，和上司搞好关系，但比靠山还可靠的，是让自己有价值，这样每个领导都会拉拢你。

在万事不俱备的时候做成事情

214年，我又领到了新任务——守卫合肥。合肥好地方啊，那里有我最爱吃的板面和炒河粉！然而，当我到合肥上任的时候，突然倒吸了一口冷气！

合肥这地方，离江东集团的总部南京，也就是100公里，这意味着什么？意味着孙权昨天晚上在南京吃好宵夜出发，第二天就到合肥了，孙权在南京总部集结个几万人的部队，那是相当轻松，再看合肥，没什么险要可守，只能多派驻军才能守住。

可我再次失望了：我数来数去，曹操交给我指挥防守的，只有7000人！

那么，叫我的好哥们徐晃和我搭档也好啊，这样我们好沟通，效率也高。

想得美！我的两名搭档——李典和乐进，一个是家里很有背景，养尊处优；一个是业务骨干，脾气暴躁难驾驭，而且，这两人都是从曹操起兵就跟着，是正宗的嫡系，他们一直对我态度都不友善。

这样的条件，真的是又让马儿跑，又不给马儿吃草啊。

就在我还纠结的时候，有人已经不允许我纠结了，孙权果然来得快，带的人不多，也就十万吧，对付我们7000人，看来是志在必得啊！

来的当天晚上，孙权及其团队"下榻"在合肥城外的陆口，走了一天的路，都累了，睡得那叫香啊，蚊子咬了都不知道，那如果被老虎咬了呢？

合肥，城门洞开，顷刻间，800只猛虎悄然出击……领头的，是一只比老虎还凶猛的狮子，那就是我！凌晨3点，应该是人睡得最沉的

时候，也是一个人一天中最脆弱的时候。我带领着800猛士，选择这一时刻发起突袭！

十万部队，出趟门不容易，睡眼朦胧中，只觉刀光一闪，就又回到老家了。

可怜的孙权，还在做着占领合肥的美梦，醒来时，现实却是噩梦。合肥守军只有几千人，竟然敢主动出击？以800人冲击十万人，这是什么打法？！富二代出身的孙权，何曾见过如此阵势？

孙权命大，还是逃出来了，可这次失败，让孙权和他的团队都难以接受，他们咬牙切齿地连续强攻了十余天，合肥仍然安如泰山。守城，是李典的强项。

孙权不玩了，因为这十几天，大家天天都睡不好觉，怕被老虎咬。孙权无奈地作别合肥，轻轻地走了，不带走一片云彩……而此时，猛虎又出栏了，我的追兵到了，孙权差点被擒，这注定是孙权一生中最难忘的合肥之旅……至于我是如何摆平李典和乐进的，具体可以看曹操的《领导力》一篇。

高管成长脑白金： 领导给你做事情，没钱也没人，条件不成熟，那是很正常不过，这才是你"人品爆发"的机会，才有你发挥的舞台，你做成了才了不起，才能提拔。等什么条件都成熟了，什么都帮你安排好了，就差你去点睛的事情，哪里轮得到你啊？！

永远记得换位思考

合肥之战的功劳很大，曹操拜我为征东将军（一品）。这里要提一下了，四征将军，是具体负责集团东、南、西、北四个方向军务的最高首领，全国只有四个岗位！

曹操时代，四征将军向来由曹家人担任。征西将军，夏侯渊，曹操的连襟，镇守汉中，专门对付刘备；曹仁，曹操的堂弟，征南将

军，镇守荆州，专门对付关羽。那时北方已定，没有征北将军。可是，问题来了：别人部队都有几万，而给我只有几千！我下面人问我：将军，咱们是后娘养的吗？你怎么不找曹总说说呢？

要记住：你是领导的人，领导却不是你的人。

我不抱怨，如果抱怨有用，那还要工资干啥？我已经得到我想要的地位和荣誉，我何必一定要领导对我放心呢？我就这几千人，都能让孙权不敢再觊觎北方，整个东吴患上"恐辽症"——望着近在咫尺的合肥城，江东集团的吕蒙、甘宁等所谓"成功人士"，个个束手无策。如果我有几万人，谁放心啊？而且，我是曾经跳过四次槽的人！学会换位思考！

我也一度成为江东妇女天天挂在嘴边的人，尤其是晚上，最能念叨。江东的小孩如果哭个没完，母亲就吓唬他：再哭张辽来了啊！小孩就不敢哭了。

等到曹操再次出征孙权的时候，他来到合肥，视察了我曾经作战的地方，赞叹良久。于是，终于给我增加了士兵，全部驻扎在合肥附近。

高管成长脑白金：

你要站在领导的立场上想问题，揣摩领导做出一项安排的目的和用意，不要急着去抱怨，去评论，去评理，去追求所谓的公平，想做高管的人，一定是目光长远的人，也许眼前的一件事，你找领导评理，能够成功，而你以后的机会之门就关上了，我不是劝你每次都忍气吞声，可是，你心里必须要有本账，去权衡其中的得失，如果你已经是既得利益者，何必去在乎更多呢？

看准时机再发力

刚才提到的那些总监成长脑白金，都是非常重要的，但是，比起下面的一点，好像就不重要了。

064

有人说，张辽，你低调，正直，不抱怨，不和别人争功，处处从别人的角度思考，可是，谁不知道会哭的孩子有奶吃？

所以，这里有个关键问题，就是选领导。一个高明的领导，他心里清楚每个人的能力范围，每个人的价值所在，甚至每个人的职业理想，高明的领导虽然有时也会因为忙别的事而忘记了你的诉求，忽略了你的付出，但你只要找到一个合适的机会，用一种委婉的方式点一下，他马上就能心领神会。

试想，如果你所在的企业、你公司的最高领导，是那种欺软怕硬，不辨事理的，你去闹才有饭吃，你又何必留下呢？即使留下，你可以混混完事，又何必全心全意付出呢？

高管成长脑白金：要选高明的领导		
精明的领导	只看眼前，总希望花小钱办大事，用人完全从省钱角度考虑
聪明的领导	个人业务能力很强，但不放权，也看不得别人比自己强
高明的领导	善于发现人才，激励人才，能做到人尽其才

三种领导，其实各有千秋。每个人对于工作的诉求不同，个人能力不同，你要选择适合你的领导，但是，如果你真的想在职场有所作为，我劝你找到第三种时再发力。

所以，细心的读者会发现，我前面跟着丁原、何进、董卓、吕布等老板的时候，实力始终有所保留，在对付十八路诸侯、京城保卫战以及后来与曹操争霸兖州、徐州的战役中，不是不愿出战，就是出战不出力，连一个二流将领的水平都不如。

因为这些人都不是合格的老板，都是暂时依附，骑着驴找马，等待机会到来的跳板而已。也就是说——不称职的老板就是跳板！可以踩，但不可卖命。

跟着"跳板型"老板，或为一份薪水，或为养家糊口，或为积累资历，或为待蓄势而发……发力太早，你会很受伤。

　　三国其实有很多不错的"职业经理人"，跳槽一两次之后，虽然明知失误，最后还是认命了，比如高顺，他和我之前的经历一样样的，但因为发力太早，就在吕布这里废掉了。

　　经过不同企业的挫折，我鉴别老板的能力越来越强，我不灰心，也不自弃，更加不会失去继续寻找最佳雇主的动力——直到进入曹魏集团。

　　一个总监是如何炼成的，可以讲太多太多，这里权作抛砖引玉吧……而对于我一生的总结，后人有诗为证：

　　"五子良将，张辽为先。攻城略地，做事谨严。沉着冷静，从不慌乱。招降昌豨、智平叛乱。孙权来攻，一身是胆。八百死士，激战十万。狼狈吴侯，魂飞魄散。江东小儿，夜不敢言。虽在病中，孙权胆寒。曹魏名将，天下流传。"

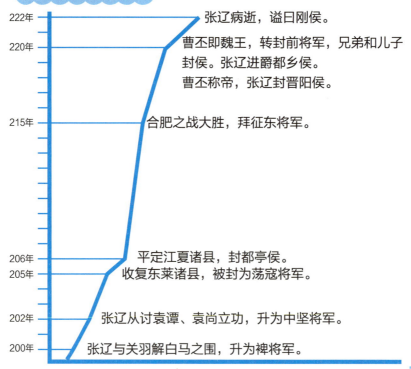

张辽的总监成长史

222年	张辽病逝，谥曰刚侯。
220年	曹丕即魏王，转封前将军，兄弟和儿子封侯。张辽进爵都乡侯。 曹丕称帝，张辽封晋阳侯。
215年	合肥之战大胜，拜征东将军。
206年	平定江夏诸县，封都亭侯。
205年	收复东莱诸县，被封为荡寇将军。
202年	张辽从讨袁谭、袁尚立功，升为中坚将军。
200年	张辽与关羽解白马之围，升为裨将军。

姓名　诸葛亮

籍贯　山东

职位　蜀汉集团职业经理人

管理成就　隆中对，规划天下三分；
舌战群儒，促成孙刘联盟；
借荆州，成就千古霸业；
无愧三国商务谈判第一人！

参赛宣言　商务谈判决定成败。

演讲题目　商务谈判的技巧

三国管理委员会

　　"聊效"决定"成效"。企业家每天都在与各种不同的对象在沟通。商务谈判，是一个管理者一天工作的主要内容。"聊效"能否变为"成效"，其实是一项很重要的技能，全在于管理者的把握和发挥，是企业能否生存的关键。

　　"口出莲花，生意大发"。三国时代，有很多"商务谈判"的高手，他们纵横捭阖，用"三寸金舌"，为集团拿下了众多难以置信的大项目，甚至多次拯救集团于生死边缘。他们当中，我是最有资格讲这个话题的人，下面，我就通过"舌战群儒"等经典案例，首次揭开事件背后的秘密，传授给你们商务谈判的宝典，帮助提高成功的概率。

何为商务谈判

　　商务谈判，是指企业双方为了自身的利益和满足对方的需要，通过沟通、协商，把可能的商机和合作确定下来的过程。

　　赤壁大战前夕，长江两岸一片凄风苦雨。

　　曹操大军一路南下，所向披靡，荆州不战而降，我的主公刘备一败涂

地，处境危机！

这时，只有联合江东孙权，共同抵抗曹操，才能获得生存的机会。我的任务，就是说服孙权，给刘备做挡箭牌。

作为小公司，如何去撬动实力数倍于己的大集团？都说关羽"过五关斩六将"，你们知道我诸葛亮"过五关斩六将"的故事吗？

商务谈判案例1：舌战群儒——小公司的"逆袭"

那天，我"单枪匹马"来到会议厅，还没见到江东的大领导孙权，就先被张昭等二十多个江东的谋士给围住了，这些人基本都是降曹派，为了自己的利益，不希望我们和孙权合作，仗着江东实力强，一个个盛气凌人。但我还是表现得很谦逊，向每个人施礼，"递名片"，尽力营造出和谐的谈判气氛。

我刚坐下，谋士张昭第一个发难，一语就道破我来游说的目的。我不否认，说客又不是见不得人。当时，蒋干去游说周瑜，周瑜也是上来就问蒋干，是来做说客的吧？蒋干不敢承认，结果处处被动。

张昭是江东集团首席谋士，降曹派小团伙里最有影响力，江东大集团里最有鼓动力，必须先撂倒他。所以，这商务谈判前，你要先观察对方阵营，找到对方的主力沟通，别和小鬼纠缠空费口舌。

然而，张昭的学识、见识、经验和社会地位，都远胜过初出茅庐的我，我拿什么去说服他？他以刘备被曹操打败为着力点，认为我们没资格和孙权谈，那么，我该如何应对呢？

很快，我就有了"标准答案"：

（1）刘备英勇抗曹、敢于亮剑、志向远大——暗示刘备集团有做大事的风范；

（2）刘备曾经在敌强我弱的情况下，也打败过曹操几次——暗示刘备有做大事的能力；

（3）上一次失败，是因为刘备为了合作伙伴的利益而牺牲自己导致的——暗示刘备是最可靠的合作伙伴。

所以，我从这三方面塑造我们的价值，让在场众人对合作的价值做了重新的认识。

商务谈判
宝典1：申
明公司的独
特价值

不要觉得自己是小公司，在谈判桌上就对大公司唯唯诺诺，显得低人一等，大公司因为岗位分工细，员工在个人综合素质上往往是不如小公司员工的，你要尽力表现出你们的专业性和优秀的个人素质，申明你们公司的独特价值，就会把他们的傲气压下去。

对方的二辩是虞翻，这个人聪明反应快，属于能说会道型，是孙权帐下的首席智囊。和他硬碰硬论口才，可能占不到便宜，但是，这帮人共同的弱点就是降曹，投降是无能、无耻的表现。所以，驳斥降曹，是一个通用的杀手锏，用在像辩才虞翻这里，不算浪费。果然，我贬低虞翻劝孙权投降的猥琐，谈到这点，他再也不能理直气壮。

东吴辩论会阵容表

	正方	反方
一辩：	张昭	诸葛亮
二辩：	虞翻	诸葛亮
三辩：	步骘	诸葛亮
四辩：	薛综	诸葛亮
……	……	诸葛亮

之后，对方三辩、四辩、五辩……纷纷登场，我见招拆招，对手在气势上被压倒。

聊效决定成效，腔调决定聊效。腔调，就是在谈判中对气场的把握。

此时，我不能扩大与对方的矛盾，把谈判变成泼妇骂街，导致僵局，而是需要控制气场，把话题转到合作上来。

果然，这种气场的控制，感动了东吴的主战派黄盖，他早就在门口骂娘了，这时，突然踢门进来："孔明乃当世奇才，君等以唇舌相难，非敬客之礼也。曹操大兵临境，不思退敌之策，乃徒斗口耶！"（辩论详情参见《三国演义》第四十三回）

论辩结束。

黄盖带我去见孙权。我成功打压了对方阵营里的反对派，见到了对方的最高领导。

商务谈判宝典2：瓦解对方阵营

大公司并不如你想象中那样强，因为他们内部利益纵横，部门之间很难协同一致，并没有完全想好谈判最后要达成什么结果，这样，其实有利于你占据主动，坚决打压反对你的一派，对各种不利言论，一驳到底，绝不口软。

然而，谈判的目的不在于辩论，而在于达成结果，别指望你能说服反对派，你的目的就是争取更多支持者，让最高管理层的天平倾向于你。

一般地说，谈判双方总不难从对手阵营里发现与自己观点相近、或在若干方面求同的朋友。细心物色和努力争取这样的朋友。他们至少能起两种作用：

（1）对你不存戒心，直接或间接给你透露不少重要信息；

（2）能帮助在谈判中缓解冲突，调整关系，乃至挽回僵局。

舌战群儒让我一夜成名，但千万不要以为是我的口才起了决定作用，也不要以为这是一个谈判天才的轻松之举。它取决于谈判前做的准备是否充足，对于处于弱势的小公司来说，尤为重要。

在谈判前，孙权下面的那二十几个谋士，我一个都没见过，但是，在谈判前，我都做了"人肉搜索"，对每个人的性格、背景、派系、与领导

的关系、相互之间的关系、甚至和小三的关系，都了如指掌。

同时，我准确把握了东吴集团最高领导人——孙权的心理：对于孙权来说，他不可能只听我的一面之辞就下结论，他是想让那些谋士先考验我，看看刘备到底还有多少实力，都做了哪些准备，在亲自和我谈之前他都需要心里有数。如果在辩论中我连那些谋士都没办法说服，那么他见我的意义就不大，如果我能压倒主降派，他可以借我的口告诉这些怂人，抗曹才是真正的出路，必须同心协力，投入抗曹的准备，不要再提投降。所以，我在辩论会上，我才敢放"口"一搏，一点不给那些人留面子。

数据方面，曹操南下带来多少兵，收了荆州多少兵，孙权刘备有多少兵，我也都烂熟于心。有了扎实的数据支持，也就有了说服力。只在口舌上占上风，不会有任何结果。

商务谈判宝典3：谈判前的准备工作

了解对手的情况
了解对方的谈判作风
了解有关的法律法规
确定谈判达到的目标
制定谈判方案——议题、顺序、对策及成员分工

谈判前做的准备工作还不止于此，你还要设想对方可能有的几种反应，每种反应如何应对，有哪些预案；设想谈判桌上有哪几种类型的人，对这几种类型人的应对策略：

商务谈判宝典4：谈判桌上的几种类型人及应对策略

类型	描述	应对策略
意见领袖	有威望，在公司自成一派	尊重对方，用尽可能的道理让对方心服口服
口才帝	口才好，善于应变，但肚里东西不多	不纠缠，尽量用事实和数据应对

唐僧	啰嗦起来没完，抓不住重点	不接他的任何话，把他的话当耳旁风
犀利哥	爱好争辩，话锋犀利	让他占上风，从他谈话中获取更多信息，多了解对方谈判的意图和底线
数据哥	会积累很多调查数据，论证项目的风险和收益	真诚地对待他，与他探讨，越细越好
墙头草	自己没有观点，总是在附和说得好的人	多和他用眼神交流，用肯定和友善的眼神争取到他的附和

商务谈判案例2：让大公司给小公司打工

费尽周折，终于见到合作方的大领导——孙总。孙权岁数不大，但也是一个老政客了，他也知道东吴必须联合刘备抗曹，才能生存。但是，刘备毕竟是被曹操打趴下才来的，他还不愿意和刘备平起平坐。所以，虽然心里着急，表面却高高在上。

我前一天就到吴国了，他拖了一天才见我，故意让我感觉他对谈合作有一搭没一搭，而我被张昭等人围攻，可能也是孙权事先授意的。他懒懒地坐在那里，似乎对我说什么漠不关心。不过，我已经料到东吴会借此开出不平等的条件，以大压小，让刘备给孙权打工，那么，我是如何说服孙权，让孙权给刘备打工的呢？

如果我上来就提联吴抗曹的事情，孙权会觉得我是来做"说客"的，既然是来说服别人的，哪还有资格谈条件啊？所以，我必须摆出是来帮孙权出主意的架势。

而我的建议是——"孙总，你公司交给曹操运营吧！"

我不是来联合孙权抗曹的吗？放心，我没疯。

作为一个弱势方的代表，去见对方的最高领导人，能见到面都已经是觉得对方给了很大施舍，等到真的开始谈正事，早紧张得语无伦次，能把意思表达清楚就不错了。所以，在这种情况下，常规的谈法有几分胜算呢？大领导每天都在面对各种各样的"说客"，对各种各样的游说方式早

已经麻木，一般方法怎么可能让他心动？

当我说了劝他投降的时候，孙权果然有反应了：他反问我，刘备为什么不投降？我装作很惊讶地反问他：刘备是汉室正统，怎么会投降汉贼？刘备英才盖世，哪能屈居人下？意思就说，因为你比不上刘备，我才劝你投降，如果想和刘备比，就别投降！

孙权很生气，一摔门走了。

是不是惹祸了？

不用担心！这是一般领导的正常反应。但是，领导都是有大局观的，也不会就这样谈崩了，因为能当上大领导的人，他的底线和承受力绝不止这点，你切记！越是成功的人，越是一个很好的博弈对手！

果然，孙权又给了我一次机会，但这回，我们已经平等了，这就避免了吴国讨价还价。对于抗曹，孙权当然也顾忌曹操的军事实力，不敢轻易下决策，我为他分析了能取胜的原因：

(1) 曹操虽然人多，但长途跋涉，疲惫不堪；

(2) 北方人不习惯打水战；

(3) 荆州刚投降曹操，人心不稳。

所以，要是两家联合，一定能打败曹操！

欧也！孙权终于开始下决心，准备"签单"了！

商务谈判宝典5：揣摩对方的底线

谈判的本质就是一种博弈，有时候可能在利益上寸土不让，语言上针锋相对，这都是正常的，但是，对于对方的底线，在谈判前一定要有所揣摩，要做到有理有利有节地与对手周旋，但不能触及对方的底线。

所以，你设定好谈判中的禁区，哪些话题是危险的，哪些行为是不能做的，对于禁区外的"斗智斗勇"，你可以尽情发挥，不必因为对方是大公司、大老板就不敢抗争。

然而，就在孙权准备"签单"的时候，张昭那些人又开始百般阻挠。这时，达成孙刘联盟的另一个重要人物——周瑜，终于该起作用了。

周瑜是东吴的总司令，是集团里的鹰派人物首脑，他也绝不赞成投降，是否能和周瑜谈谈呢？但周瑜很有城府，一般什么都不愿明说，我该采用什么方法？

我没有和周瑜直接谈抗曹，而是先告诉他一则曹操的八卦新闻：最近，曹操在首都邺城，开了个叫铜雀台的"顶级会所"，里面搜罗了众多极品的明星、超模，还请文化界名人曹植给题了词，一下变得比天上人间还有名，曹操其实这次来江东，有一个重要目的：就是想把江南的两位著名佳丽，弄到会所里陪酒。所以——要想保东吴，只要献上这两个美女就行。

周瑜很好奇地追问："哪两个人？"

"大乔小乔啊！"我笑周瑜成天忙于军务，一点不关心八卦，消息太不灵通了。

周瑜马上跳起来了："老贼太欺负人了！"

我装作全不知情，问周瑜："为什么啊？"

周瑜大叫："大乔是我兄弟孙策的情人，小乔是我的情人，老贼难道想给我戴绿帽子吗？！"

正面激将法成功了！周瑜已经按我的目的行事了。为了避免他的情感波动和心态变化，我还用了反激法。

当周瑜发誓："我和老贼势不两立！"之后，我又从反面激他说："事情需三思而后行，免得后悔。"周瑜的精神再次被绑架，愤然说："打死我也不变，望你助我一臂之力，共破曹贼！"

我顺利完成联吴抗曹的使命。

被我这样搞来搞去，正面激反面激，心脏不好的，还真保不定出问题，这是后话。

你看，本来是刘备方被曹操追得走投无路，想拿孙权做挡箭牌，被我一说，反而觉得是刘备在帮孙权方。于是，东吴主动担负起重任——负责"正面战场"抗曹，而刘备负责建立"敌后抗曹根据地"，袭扰与抄曹操的后路。这样，我们达到了避重就轻的效果。而后来事实证明，赤壁之战，是孙权给刘备打工，东吴花了大成本换来的胜利果实，多半都给刘备

占了。

通过不断削弱孙权、张昭等人评估己方筹码的信心，特别是让周瑜相信曹操是来抢女人的，这让东吴的谈判筹码变得极为可怜，最终达到我方利益最大化。

商务谈判宝典6：旁敲侧击、正话反说

当双方都有合作的意思，但是，双方都不想先说出合作意图，怕被对方摆条件，占据主动，都想请对方先表态，那你就先不要暴露说服的目的，可以从对方的利益入手，为对方打算，或用正话反说，刺激对方，激对方主动先谈出合作意图。

商务谈判案例3："甲方"的谈判技巧

赤壁之战前，刘备弱小，孙权强大，我们是站在"乙方"的立场上去谈判的，而赤壁之战后，刘备的势力渐渐发展，双方实力对比开始起变化，对方开始主动上门的时候，作为"甲方"，你又该如何呢？

三国版的"老娘舅"

要想一个人对你念念不忘，最好的办法就是向他借钱；要想一个主公对你念念不忘，最好的办法就是向他借城。孙权就一直对刘备念念不忘。

赤壁之战时，刘备趁曹操和孙权对峙之时，占了荆州大部，成为既得利益者，孙权很不满，所以当时两家口头约定，荆州是刘备暂借。

因为双方在战前合作的合同文本中对于荆州的归属问题没有任何协定，现在刘备不还，出现了矛盾纠纷，孙权派鲁肃来协商此事。

我们非常客气地接待了鲁肃，鲁肃先表了态，他的大概意思是：赤壁之战东吴集团起了决定作用，付出很多，但却被刘备在后面得了好处，占了荆州赖着不走，这荆州刘备应该归还东吴。

而我回绝的理由是：一切按照法律制度说话。

荆州这一不动产的归属，不是谁付出的问题，而是应该严格按照相关的法律法规，以前荆州的所有权人是刘表，刘表去世后，按照《继承法》，应该归儿子刘琦继承，依据《物权法》，刘琦拥有处置权，而现在刘琦委托刘备管理，刘备辅佐刘琦，当然不可能把荆州给东吴。这就好像，别人抢了你的房子，你找人把抢房子的人赶跑了后，这房子就是他的了吗？

制度在那里，鲁肃无话可说，只能回去。

商务谈判宝典7：用制度说话

有时候，我们碍于人情，很难拒绝对方，对方觉得你是老总，只要把你说服什么都好办，这时，你就要把公司制度拿出来说话了，比如，公司有什么什么规定，必须要通过董事会表决才能实施，我做不了主，比如，公司有某项制度，明文规定不能这样，老总也不行，公司有个什么什么委员会，老总已经授权给这个委员会了……管理规范的公司，老总是不可能凌驾于制度之上的。

第二次来，鲁肃事先做好了功课，这时，刘琦已经去世，鲁肃认为，按照《物权法》规定，刘琦没有子女和妻子，也没有对刘备及其他人的赠予协议，荆州的物权就应该充公，而现在东汉政府已经名存实亡，没有管理能力，那么，之前东吴集团的付出就可以兑现了。

而此时，我突然发飙了！这是三国里我少有的发火的时候，我说：如果不是我借来东风，周瑜怎么能放火烧了曹操的战船？如果不是刘备开辟了"第二战场"，你们一家怎么可能打败曹操？惹急了我，把你们江东集团都给夺了！够狂吧？这就显示出欠债人的大爷力量！作为甲方的底气！

鲁肃没办法，就只能被迫和刘备签了个协议，也算好回去交差。

协议书

亲爱的孙总：

您好！

我借您的荆州已有半年了，也该还给您了。但是我们现在实在没有地方待。等我们拿到了益州，就马上还您。

（如不经执行者同意，任何人不得擅自修改，否则协议书作废。）

执行者：刘备

见证人：鲁肃

担保人：诸葛亮

周瑜看了，知道鲁肃又谈判失败了：鬼知道刘备什么时候拿下益州呢！一辈子不拿，就一辈子不还了吗？

于是，鲁肃第三次来讨荆州。人家每次来，总不能一直老调重弹吧？这回，除了还是我领衔主演外，我们的刘总也参与客串。鲁肃刚一提要荆州的事，刘总突然掩面大哭，那个伤心啊，眼泪止不住的往下流，演技让人叹为观止。

发生了什么事？鲁肃惊呆了。

我赶紧出来唱双簧："当初我们刘总说得到益州就还荆州，可是，益州主人刘璋是刘总的弟弟，他怎么能抢弟弟的饭碗？如果不去抢，还了荆州，自己公司到哪去开？下面的员工工资怎么发？想到员工一家老小都要没饭吃，所以刘总伤心啊。"

说到这里，这个老男人更加捶胸顿足，放声大哭。

遇到这情况，鲁肃还能说什么呢？

鲁肃此时，是不是比刘备更想哭？

到底是谁的眼泪在飞？

商务谈判宝典8：黑白脸

谈判中有一种非常著名的策略，叫"黑白脸"。一个人唱白脸，一个人唱黑脸。一个人非常强硬，甚至以令人反感的方式给对方施加压力，就好像第二回诸葛亮怒斥鲁肃一样，而一个人非常友善，不断打圆场，并以更令人愉快的方式达成协议。这种策略既可以有效地向对方施压，又不会导致激烈冲突。

附：更多宝典

倾听

谈判是用耳朵取胜，而不是嘴巴。美国一项调查表明，喜欢侃侃而谈的推销员成功率为30%，而沉默寡言的推销员成功率为80%。在谈判中，我们往往容易陷入一个误区，那就是一种主动进攻的思维意识，总想把对方的话压下去，总想多灌输给对方一些自己的思想，其实，你的话越多，对方会越排斥，能入耳的很少，能入心的更少。反之，让对方把想说的说出来，当其把压抑心底的话都说出来后，锐气会减退，更为关键的是，善于倾听可以从对方的话语中发现对方的真正意图，然后进行劝服，成功率会提高很多。

信息不对称

信息不对称，是无处不在的，善于利用的人，都能做成大生意。比方说，你去搞某个项目，想和对方谈合作，遭到对方抵制，你可以对他说，某个行业内的龙头企业都已经是我们的客户了，某个政府部门和我们开始谈合作了，对方由于信息不对称，无法去求证，那么，他就有可能被你纳入项目当中。

让步式进攻

在谈判中，我们可以适时提出一两个很高的要求，对方必然无法同意，我们在经历一番讨价还价后，可以进行让步，把要求降低或改为其它要求。这些高要求我们本来就没打算会达成协议，即使让步也没损失，但是却可以让对方有一种成就感，觉得自己占得了便宜。先抛出高要求也可以有效降低对手对于谈判利益的预期，挫伤对手的锐气。但切忌提出太离谱、过分的要求，否则对方可能觉得我们没有诚意。

姓名　吕布

籍贯　内蒙古

职位　徐州集团董事长

管理成就　在市场已经饱和、过度竞争的背景下创业进入市场，居然在竞争最激烈的地区，竞争对手最强的地区，仍能维持十年，的确不容易！

参赛宣言　谁能挡我？

演讲题目　如何从打工仔到老板

三国管理委员会

在三国里，我是武功第一牛人，和三国第一军事牛人曹操是竞争对手，打了十年的仗，但是，你们有没有发现，我和曹操虽然都是牛人，却是三国里最被丑化的两个人，曹操排第一，我排第二。

就因为我找了两个干爹，跳了三回槽，然后自己创业，《三国演义》里就把我塑造成反复无常的小人，"三姓家奴"的帽子摘不了，而刘备跳槽七回，还是一个忠义的角色，这不能不说是媒体的误读。

可是，我真的是一无是处吗？我们先看一段短片：

〈采访〉张辽（前徐州集团骨干）："我们老板的业务能力非常强，我被他的业务能力折服。"

〈采访〉陈宫（徐州集团大股东）："虽然吕布有时不听我的，但是他没有坏心眼，不耍两面派，所以我一直挺他。"

〈采访〉高顺（徐州集团骨干）："老板对我恩重如山，我愿意为他去死！"

〈采访〉张邈（徐州集团"合作商"）："和'徐州集团'合作这么多年，都非常愉快，吕布这个人还是挺讲信用的。"

都说物以类聚，人以群分。张辽、陈宫、高顺、张邈，哪一个人品不是"杠杠"的？哪一个史书里不是五星的评价？如果我一无是处，他们为什么如此忠诚于我？

一、我为什么不做打工仔

1. 我遭到别人的严防死守

俗话说，"文无第一，武无第二"。我是三国里的"东方不败"，这个没有任何争议。

> 见此人，身高七尺开外，细腰扎背膀，双肩抱拢，面似傅粉，宝剑眉合入天苍插额入鬓，一双俊目皂白分明，鼻如玉柱，口似丹朱，大耳朝怀；头戴一顶亮银冠，二龙斗宝，顶门嵌珍珠，光华四射，雉鸡尾，脑后飘洒；身穿粉绫色百花战袍，插金边，走金线，团花朵朵，腰扎宝蓝色丝蛮大带，镶珍珠，嵌异宝，粉绫色兜档滚裤，足下蹬一双粉绫色飞云战靴，肋下佩剑，站在那儿是威风凛凛，气宇轩昂……（《三国演义》第三回）

这是罗贯中对我第一次在三国登场时的描写。有人统计过，在《三国演义》里，一共出现过1200个人物，在每个人物第一次登场时，罗贯中给我的描写文字是最多的！不是他偏心，而是小说家对武功高手的外貌描写情有独钟，用墨都是最多的。

但是，也是因为我的武功盖世，业务能力突出，所以，我每次出去拓展业务，都是遭到别人的群殴：

> **吕布遭群殴笔录:**
>
> 189年 虎牢关 先遭车轮战后，再遭刘备、关羽、张飞群殴。
>
> 194年 濮阳 遭曹操手下许褚、典韦、夏侯惇、夏侯渊、于禁、乐进六人群殴。

别人都是单挑，为什么我总是被车轮战和群殴呢？

众人对我群起而攻，似乎是理所当然，而作为武功天下第一的我，如果失败了，似乎是天理难容。顶着这种虚荣的光环，我真的好累。

一把刀，最容易豁口的是刀刃，一条枪，最容易磨损的是枪尖，一个团队中，最容易受到伤害的，是冒尖的骨干！

当时我就想，要避免自己不受伤害，必须拥有自己的团队！

2. 当"极品"下属遇到"极品"老板

任何一个领导，不会容忍对自己地位有威胁的员工，也不会容忍光环盖过自己的下属。我如此光环四射，就是传说中那种老板不能容忍的"极品"下属。而与此同时，我也屡次碰到传说中的"极品"老板：

第一个老板	丁原
第一份工作	办公室秘书
离开原因	老板不懂管理

我的第一份工作，是在并州刺史丁原下面担任主簿。"主簿"这个职位，第一不算正式的编制，第二它的主要职

责是掌管文书，对于一身武艺的我来说，干这么一磨叽活，成天寻章摘句，非常专业不对口，没有任何的发挥空间。可见，老板的管理水平、用人水平烂到极点。以至于他死之后，员工没一个给他报仇的，全跟着我投奔了董卓。

第二个老板	董卓
第二份工作	私人保镖
离开原因	老板作风不正

第二份工作着实让我兴奋了一阵，老板董卓给我待遇不错，我也乐于干私人保镖的活。可是，我逐渐发现了一个难以容忍的事实：老板是个超级猛男，性欲极强，性起之时，不管什么时候，拉过一个女人就上床，丝毫不回避，仿佛我每天工作的主要任务，就是给老板放风。老板想过我的感受吗？天天看老板演金瓶梅，作为一个正常的男人，谁受得了？有一次，我实在忍不住，找领导的女人貂蝉调情，被他发现，他抄起一支戟就冲我扔过来！跟着这样的老板，我一点安全感也没有，我经常摸摸自己的头，看看是否还在脖子上。

第三个老板	王允
第三份工作	保安部长
离开原因	老板做事不留余地

第三份工作让我第一次找到一种成就感，因为我已经升为保安部长，手下有一群崇拜我的小弟。可是，新老板王允总让人很不舒服。他虽然正直，但为人过于刻薄，取代董卓之后，所有董卓的人，他全部换掉，甚至赶尽杀绝，连大文豪蔡邕，就

因为在董卓咽气之后叹了口气，就被王允说是和董卓同一鼻孔出气，就被杀了。王允刚愎自用，始终把我当成武夫，我的劝告他一句都听不进去。

这样三个"极品"的老板，如果换你们，你们能接受吗？但我感谢他们，是他们，把我"逼"到自己创业的路上！

八种老板跟不得：

(1) 不懂知人善用的老板
(2) 个人生活不检点的老板
(3) 缺乏宽容心的老板
(4) 刚愎自用的老板
(5) 处处和下属抢功的老板
(6) 事必躬亲的老板
(7) 朝令夕改的老板
(8) 情绪化的老板

二、狼性生存 如何从"打工仔"到"企业家"

所谓命运，就是一只沦落在鸡窝里的鹰，就是看你愿意像鸡一样继续平庸，还是像鹰一样展翅高飞。

有种，你就创业吧！在东汉末年，当创业的口号响彻全中国的时候，让多少想改变自己命运的人热血沸腾！

在那个年代，创业当主公的门槛很低很低，很多人都加入了自主创业的大军。然而，当主公，也是那个时代的"高危职业"，很多创业者笑傲一时，风光一刻，却又马上成为过眼云烟。而我，一匹来自北方草原的独狼，两手空空出来混，从一个"打工仔"演变为一方诸侯，依靠的是什么呢？

狼性生存！

狼性生存法则1：野心——强烈的成功欲望

三国时期的创业者，有两种类型：

一类是真的创业者，比如刘备，曹操，孙坚、孙策，他们有创业的决心，有强烈的成功欲望，绝不甘心为他人打工。

一类是机会主义创业者，比如像张飞、赵云、周仓等等，他们不是真的创业，在没有找到合适老板的时候，自己拉个山头单干，而一旦找到大的企业做依靠，他们就心甘情愿被收编了去。

你是哪类呢？

我明显是第一类！

从小到大，我一直不甘心自己的命运。我本是中原人，祖父因为抗击匈奴，留守边塞，于是，我从中原户口，变成了草原户口，和匈奴杂居。

草原并没有牧歌般的生活，也没有弯弓射大雕的浪漫，"北风卷地白草折，胡天八月即飞雪"，遇到零下40度的严寒，牛羊冻死大半，胡人饿着肚子，看着嗷嗷待哺的孩子，只能像饿狼一样不顾一切结伴去抢，汉匈之间、部族之间永无休止的缠斗、恩怨、仇恨、纵横交错，而后来，鲜卑人也加入进来，让这片土地充满了恐怖和血腥，也造就了我缺乏安全感的性格。

我苦练武艺，梦想有一天，能通过自己的努力，回到梦想中的中原。我发誓，一定要在中原开创一番自己的事业！即使做狼，也要做披着人皮的狼！活出个人样！

终于有一天，并州的老板丁原收留了我。

丁原，我来了！中原，我来了！

进入魂牵梦绕的中原，我如同中国人拿到了绿卡一样兴奋！然而，没想到，中原已经山雨欲来风满楼，大汉王朝正处于大乱的前夜。

田园诗的终结，甚至比草原更加嗜血！丁原、董卓、王允，我先后跟过的三个主公，手上全都沾满了敌人的血，自己人的血！我是狼，不会夹着尾巴做人，我不得不抛弃他们。

在风雨飘摇的山河当中，只能相信自己！为了生存，只有自己创业！

狼性生存法则2：行动力——打响客户争夺战

　　我没有自己的地盘，但因为业务上的突出，组建一个完整的创业团队并不困难：张辽，后来成为三国的名将；高顺，带领的陷阵营，威震三国时代。但当时，他们还都是我的小跟班。

　　创业之初，其他大集团的老总很不屑，觉得我在瞎折腾，等真的搞大了，跟他们抢市场了，他们不干了。这些人当中，就有曹操。

　　因为我的崛起，曹操在兖州的一批"客户资源"，包括张邈、陈宫流失了，这成为我和曹操客户争夺战的导火索。

　　在濮阳和曹操的那次战斗，是我一生中最辉煌的时刻。那时，我第一次作为一方诸侯的身份，和曹操一决高下。

　　曹操带兵来抢我的根据地濮阳，我心生一计。

　　当时，濮阳城有个姓田的首富，很有威望，我找到他，让他派人联络曹操，说愿意做曹操的内应。曹操一听，当然欢迎了，可是大客户啊。而且曹操怎么也想不到，以我的智商也会使用计谋，就非常放心的亲自带部队来接应，曹操也有今天！我们的部队早就在那埋伏多时了！

　　可惜，曹操长得不像曹操。在他逃跑过程中，我的几个猪头士兵，和曹操擦肩而过，问曹操：曹操在什么地方？曹操说，曹操逃走了，你们快去追那个骑黄马的，那几个猪头就舍了曹操，拼命去追那个骑黄马的倒霉鬼。曹操捡了一命，回去狂照镜子，百感交集。

　　这个事，其实放在现代商战中很平常，我要自己创业，这个客户原来是我开发的，那么我就把这个客户带走了，或者我的条件更优惠，报价更低，别人的客户就到我这里来了，而作为原来的公司，肯定还是想把这个客户维系住，这样就会发生抢客户的事情。

　　我能打败曹操的原因，就是利用了他的轻敌。你刚拉山头的时候，那些成熟的公司其实对你是很轻视的，总想一下子把你扼杀在萌芽阶段，所以，你可以利用他们的轻敌，快速击败他们，快速确立自己的竞争优势，等他们真正重视你的时候，机会就少了。

业务骨干创业优势及注意事项：

（1）业务骨干有威望，有聚合力，容易拉来队伍

注意：快速转变你的角色，变聚合能力为管理能力。

（2）业务骨干手上有核心技术、有客户

注意：快速制定市场策略，做好和原公司打客户争夺战的准备，维系好你手上的客户资源。

（3）业务骨干熟悉原公司的运营模式，有成功经验复制

注意：找到自己的优势和劣势重新定位，而不是简单复制一个原公司。

（4）个人能力突出的人，在圈内有知名度，本身就是品牌，省去大笔广告费

注意：个人英雄只在一时，依靠团队、依靠机制的运转才能长久。

狼性生存法则3：狡诈——靠"杀熟"获得生存

曹操果然开始重视我了，我在他的地盘上就讨不到什么便宜了，我锁定了另一个猎物——刘备的徐州。

徐州，我来了！

当时的形势是：徐州的主公陶谦死后，给陶谦打工的刘备，获得了徐州的经营权，但因为刚接手，立足还不稳，所以有机可乘。但徐州北边，曹操虎视眈眈，徐州南边，袁术垂涎三尺。那我是怎么占领整个徐州的呢？

看我的手段！

我到了徐州，先和刘备套近乎："老弟，咱是老乡对吧，俺来投靠你了。"刘备是个奋进青年，到大城市多年了，自己刚稍微有了点根基，就总有一些"老乡"来投奔他，这让他很无奈。而且，我还有另外一层关系，我的丈人曹豹，也在刘备这里任职。他不好拒绝，就让我在徐州帮忙。可这时，刘备遇到了一点麻烦：南边的袁术气势汹汹地来找茬，刘备急匆匆带着骨干们上了前线，结果，我看有机可乘，就联络我丈人，把徐州给占了。

我其实早有"杀熟"的"光荣传统"：丁原是我杀的，这里有幕后交易，就是董卓用天价贿赂我，杀丁原后，我获得了"见义勇为"的称号；董卓是我杀的，这里也有幕后交易，就是王允用貂蝉引诱我，杀董卓后，我获得了"大义灭亲"的称号！

别说我没有道德，在三国的成功"创业家"当中，曹操、刘备、孙坚、孙策，哪一个不"杀熟"呢？例子就不用多举了吧。

在现代企业管理中，"杀熟"案例并不鲜见，其实就是和老板的一种博弈，因为大老板需要我这样的业务骨干，想靠我给他们挣钱，但是又不信任我们，不敢重用，怕抢了他的位子，所以，利用老板的这种心理，趁机积累自己的客户，积累自己的创业资本，一旦机会来临，就单干或取而代之！

《三国演义》里有这么一段对话：

> 陈登脸色不变，不慌不忙地对吕布说："我见曹公，说养将军譬如养虎，应当让你吃肉吃饱，吃不饱你要吃人；曹公说：'你说得不对，应该是譬如养鹰，让他饥饿了他才会被任用，让他吃饱了，他就会飞走了。'"

可见，对我这种类型创业者的分析，是何等精辟！

企业狼性生存的经典法则：

（1）狼的务实——生存永远是第一位的；

（2）狼的野心——没有捕捉不到的猎物，就看你有没有野心去捕捉；

（3）狼的行动力——与其在等待中浪费青春，不如在追求中燃烧生命；

（4）狼的专注——眼睛只盯着猎物，不花费任何多余的时间精力在无意义的事情上；

（5）狼的智慧——追逐猎物只靠猛跑是不够的，准备和谋划是必须的；

（6）狼的适应能力——自然是神圣伟大的，如果不能改变自然，只能适应自然；

（7）狼的坚韧——眼睛里永远看不到气馁，因为追求的是最后的成功；

（8）狼的狡诈——没有永远的朋友，只要对生存有利，哪怕是敌人，也可成为朋友。

从"董事长"变"不懂事长"

我的故事也只能讲到这里了，再往后讲，就是我失败的苦水了，在我占领徐州后，我的刚愎自用，安于现状，败给了曹操的诡计多端，地盘不幸被曹操所吞并，后来，我想跟着曹操干，他怕我"杀熟"，不要我，而是让我彻底从这个世界上消失。于是，我的创业故事，如昙花一现，再也没能梅开二度……

再后来……哥不在江湖很多年，但江湖上一直有哥的传说……

和众多的草根创业者一样，我有创业的本领，却没有管理的技能。创建了企业之后，有了享乐的条件就壮志消磨。还有，业务骨干创业，虽然自己的单兵作战能力很强，但是，如果你的角色不能转换，还是沉湎于自己的业务，不懂管理，不懂沟通，不懂用人，盲目自信，公司是经营不下去的，你要付出从"董事长"到"不懂事长"的代价！

而一旦创业失败，再重新打工，老板知道你有创业的野心，谁还肯要你？

从打工仔到老板，其实是一条不归路！

最后，我想唱一首我自己作词作曲的歌作为结尾，献给中国千百万的创业大军，献给那些学历不高，但有创业梦想的人，那些出身贫寒，但有创业激情的人，那些成功的，不成功的，那些顶着别人的误解、伤害、背叛，仍然坚持在创业路上的兄弟姐妹们……

《创业者之歌》

作词 吕布 作曲 吕布

这世上如我一样的创业者千千万
没有关系背景
却爱冲锋和冒险
没有大学文凭
我是社会大学的学员
别指望我们能在企业里低眉顺眼
我们没有察言观色的本领
只有青春和生命做本钱
别指望我们的素质有多高
我们不懂儒雅和谦让
只有江湖气和一点点的自恋
别指望我们能高谈阔论 侃侃而谈
我们只知道把握眼前
不怕别人说目光短浅

别指望我们能为上层社会所待见
我们就喜欢直来直去 从不装蒜
别指望我能韬光养晦 做人收敛
我们天生不会让步 不会委曲求全
我们没有被企业文化洗过脑的所谓"忠诚"
我们更关心的是个人的明天 一家老小的饱暖
宁可创业死 头破血流
不做打工仔 灰头土脸
来来来来 来来来来
我要告诉全世界 这是我的创业宣言
来来来来 来来来来
我希望我能飞得更高 飞得更远

姓名	司马懿
籍贯	河南
职位	西晋集团创始人

管理成就　从曹操帐下不起眼的谋士做起，在曹操、曹丕、曹睿、曹芳父子四代管理人之下任职。隐忍的性格是"三国一绝"，不屈的精神"冠盖古今"，最终取代曹氏家族，为创造西晋集团起到决定性作用，并奠定了三国统一的基础。无愧"忍者神龟"、"三国第一淡定哥"的称号。

参赛宣言　凡事要淡定，淡定。

演讲题目　企业家的情绪管理

三国管理委员会

我有做企业家的潜力吗？这是很多人想问的问题。其实，在《三国演义》第二十一回里，曹操煮酒论英雄，给出了一个企业家的标准，原文是这样的："龙能大能小，能升能隐，大则兴云吐雾，小则隐介藏形，升则飞腾于宇宙之间，隐则潜伏于波涛之内。"

简单一句话就是：要当企业家，就要**吃得糠，下得乡，扛得枪，经得商**。什么都能干，什么都能忍。

我司马懿一生，跟过曹家四代领导人，最终从打工仔成为老板。三国时代，打打杀杀100年，有幸在我司马家族这里统一。我之所以能取得这样的成就，涉及到一个非常关键的问题：情绪管理。

何为情绪管理？就是管理自己的情绪，凡事要淡定，做到收放自如。

如何情绪管理？我这里有个秘诀：**平常时候要"忍"，关键时刻要"狠"，办事做人要"稳"**，再加一个，**把握机遇要"准"**。

下面我就结合事例展开说。

控制不了情绪的代价

曹操经常控制不好情绪，反复无常，杀了人便后悔，在赤壁大战的时候，有着丰富水战经验的蔡瑁、张允，就是被他一怒之下杀掉的，最终导致整个战役的失利，错失一统中国的机会。

刘备也经常控制不好情绪，容易冲动，为了给结义兄弟关羽报私仇，不惜破坏苦心经营多年的吴蜀联盟，花了辛苦积攒一辈子的本钱讨伐吴国，结果折损大半，蜀国实力一落千丈。

孙权也经常控制不了情绪，容易恐慌，自己难得亲临前线，好不容易在逍遥津战役中去趟前线，张辽率了800人的队伍冲上来，吓得竟然扔下十几万部队，自己"身先士卒"跑掉了！

所以，这三个人都没有能统一中国。

情商低的表现：
发牢骚、易于恐慌、逞强、冲动、浮躁、忽略大局、自我感觉良好……

企业家要管理自己的情绪

有句话叫"盛喜勿许人物，盛怒勿答人书"，意思是说：你在不淡定的时候，啥事也别干，否则干出来的事，全是错事。

有一次，诸葛亮想和我打架，我躲进营里不理他，任他叫骂，诸葛亮那个急啊！（为什么我总是不跟诸葛亮打，这是我拟定的一个战略，叫成本战略，我会在另一篇文章里具体说。）

诸葛亮也挺幽默，突然想出一个损招：派使者送了一件礼物给我。我想，我又没过生日，送什么礼物呢？打开一看，原来是一件妇女守丧时穿的衣服。上面还附了张"贺卡"，卡片上说："甘分窟守土巢而畏刀避箭。"意思就是：是男人吗？是男人就出来单挑，你这样缩头乌

龟，像个娘们一样，所以送这件衣服给你。

我心中大怒，满营的将士也都火冒三丈，但马上，情绪管理起作用了——一个理性的声音告诉我：要淡定，不能因为冲动改变了既定战略！

使人容易出问题的三种情绪：

忧伤——忧伤时成本意识淡薄，分不清贵贱高低，所以提醒大家，心情不好不要逛街买东西，容易买贵了，刚失恋了不要立刻结婚，容易嫁错了；

激动——人在特别high的时候，容易失去理性和判断力，特别容易偏听偏信，这种情况下不要做重大决策；

疲惫——容易失去主见，特别容易被别人忽悠，被别人操纵。

所以，我表面上不动声色，装着一脸笑，说："视我为寡妇人耶？吾且受之。"我就真把这衣服收了。心想，寡妇就寡妇，寡妇伟大着呢，都说女人能顶半边天，寡妇能顶整个天呢！

后来，我还热情地款待使者，使者来之前，本来都做好必死的准备了，突然有种劫后余生的惊喜，一时间情绪失控，跟我透露了很多诸葛亮的机密。这个也下一章节说。总之，因为我的淡定，诸葛亮最终没能达到和我交战的目的，每次都是无功而返。

我承认，我智商没有诸葛亮高，我打败诸葛亮，用的是情商。

企业家EQ管理技能：

（1）请慢发作——冲动时马上按暂停键，什么都不做
（2）纾解压力——用其它事情转移心情
（3）放下——抓大放小，不要钻牛角尖
（4）对别人宽容——容忍别人的缺点和错误
（5）对自己宽容——不要追求完美，不要处处都争强好胜，容忍自己的失败

有人认为我得了"恐亮症",不敢跟诸葛亮打,实质上不是。你想,一个得了"恐亮症"的人,能和诸葛亮对抗十年吗?这是一种战术,是一种既定战略,不能因为偶发的情绪所改变。

笑对那些想激怒你的人

拥有权力的人,必须学会忍耐,笑对那些想激怒你的人。美国前总统小布什在伊拉克被记者丢皮鞋袭击,他避过"鞋袭"后,淡定地讲起了笑话:"这是引人注意的一种方式……或许你们想知道,那是一只10号大小的鞋。"后来,地产大佬任志强也遭遇了同类事件,他也很淡定:"我很荣幸享受到了总统级的待遇。"

从"哭笑不得",到"哭笑两得"

我们遭受强烈刺激的时候,情绪失控的一个集中表现,就是"哭笑不得",可作为企业家,你要"哭笑两得"。这话怎么说?

我举一个曹操的经典案例。

曹操赤壁大战失败的时候,领着残兵败将逃走,那是相当狼狈的,后面孙权刘备追得紧,也是相当恐慌的。但曹操在这时候,情绪管理非常成功。他在逃跑路上,每次稍有喘息的机会,他都会"仰面大笑",或"扬鞭大笑",然后评论一下对方的战术不高明等等,手下人以为老大受刺激了呢,赶紧看住,免得抹了脖子。其实,曹操三次大笑,都是在为将士鼓气和增添信心,因为团队最怕军心涣散,信念不足,他绝口不提失败,还调侃对方的战术策略不当,如此豁达坚韧,下属肯定会受到感染。

最后,终于逃出险境,曹操却突然"仰天大恸",哭得稀里哗啦:"如果郭嘉在边上辅助我,我能败这么惨吗?"(注:郭嘉,字奉孝,是曹操早期的主要谋士,赤壁大战前已经病逝。)然后变本加厉,"捶胸大哭":"哀哉,奉孝!痛哉,奉孝!惜哉,奉孝!"后面曹操的

高管团队，整体惭愧。

危险的时候他笑，安全了他又哭，为什么？情绪管理在起作用。曹操兵败，不罚一人，但用哭声让谋士愧疚自责，以后再接再厉，下不为例，这是一堂多么生动的企业内训课啊。

如果你碰上哪个企业家，又哭又笑的，他绝对是有目的的！你如果以为他疯了，那肯定是你疯了。你更别天真地以为他是个直率的人，随性而为的人，如果真是，他混不到现在这么好！

企业家要学会利用情绪：

你的情感能被对手利用，同时，也能感染别人。企业家应该学会利用情绪，收放自如，你的一颦一笑，是用来打动别人，从而达到你的目的的，你是公众人物，你面对公众的任何一种态度，都应该是事先策划好的。

企业家都要有角逐"奥斯卡"的潜质

我有这样一个经历，这个在《晋书》里有记载：在我还很年轻的时候，曹操听说我有才华，想聘我到他们集团上班。我当时不懂事，很看重名节：我，毕竟是官宦人家出身，而曹操，倒过来，是宦官人家出身！但我如果直接拒绝他，曹操一不高兴，反而会连累家人。于是，我就推辞说中风了，动不了了。

曹操是什么人，他能甘心吗？

一个月黑风高的晚上，我正躺在床上看书，突然，隐约听到院子里有脚步声，脚步轻而慢，和着风声，若有若无，显然不是家人的！我正在疑惑，而此时，一个黑影已经破窗而入。

有刺客！刺客动作很流畅，起身，跨步，举刀，只用了一秒，而我脑子也在此刻飞速旋转：是真的刺客吗？我从未和人结怨啊！那是否是曹操派来考验我的呢？不会吧？

刺客的刀锋从上而下直冲我鼻梁，0.1米，0.01米，0.001米……距离鼻梁只有0.001毫米了，我感到寒气逼入我的全身，我仿佛已经看到鲜血喷涌在空中，在烛光里如红花般绽放，然后一切都烟消云散……我睁大了双眼，惊恐万分……可是在那一刻，情商再次起了作用，我淡定了：因为如果我动了，我还是逃不了这一刀，反而暴露了我在装病，欺骗曹操，我死定了。我不动，如果真是曹操在考验我，还有活命的机会。所以，我没动。刺客的刀也在这一瞬，戛然而止。他冲我诡秘一笑，走了。我赢了，他果然是曹操派来的。

从此，我明白了一个道理，装病是很好的救命方法。但是，前提是控制好你的情绪，你才能装得像，装到底，不露破绽。

同样，一个领导者在管理中，也要扮演很多角色，有时候是"老总"，有时候是"老师"，有时候还是"老爸"，要演好这一角色，情绪管理也是前提。

魏国小皇帝登基后，我和曹爽共同辅政，曹爽没有任何本领，全靠家族关系，处处排挤我，打压我。在这种条件下，一般人的正常反应都是：不就是凭关系嘛，拽什么啊，找他理论去！谁怕谁啊？

我没有。这样，我将彻底出局。几十年的官场历练，我在情绪控制上已经炉火纯青。我用了同样一招，装病。曹爽派亲信来我这打探虚实，我装出一副要死的样子，连话都听不清楚，吃饭流一地。于是，曹爽彻底放心，得意忘形，成天攀比斗富，买奢侈品，花天酒地。丧失警惕、思想麻痹的曹爽，被我突然发动政变，夺了兵权，从此，政归司马氏，再无反复。

企业家要学会掩饰情绪：

企业家，你要有自己的个性，但是，必须忘掉自己。要多向演员取经，要有角逐奥斯卡的潜质，在不同环境下饰演好你应该有的表现，这不是一句玩笑！在生活中，不掩饰自己的情绪、率性是一种可爱，一种受欢迎的性格，而管理者中，率性就是灾难，灭顶之灾，绝不能率性而为。

企业家的竞争，是商数的竞争

最后，我想说的是，情绪管理包含了很多内容，不止是情商一方面，企业家的竞争，其实是商数的竞争，总商数最高者得天下。你同意吗？

商数知识对比表格（满分：100）

	曹操	刘备	孙权	诸葛亮	司马懿
1.智商（IQ）智力高低	10	5	5	10	8
2.情商（EQ）管理情绪和人际关系	8	8	9	5	10
3.逆商（AQ）承受失败和挫折能力	10	10	8	0	10
4.德商（MQ）道德人格品质	0	10	8	10	0
5.胆商（DQ）胆量胆识胆略	10	8	0	8	10
6.财商（FQ）理财能力	5	0	8	10	8
7.心商（MQ）保持良好心理能力	8	8	8	8	8
8.志商（WQ）意志品质水平	8	10	5	5	8
9.灵商（SQ）灵感顿悟能力	8	5	5	10	8
10.健商（HQ）健康意识	5	5	10	0	8
总分	72	69	66	66	78

看表格，曹操、刘备、诸葛亮和我，都有三个满分10分，但是，他们都有短板，整体分数下来，是我最高，所以，政归司马氏，那是历史的必然，不服不行！

姓名　孟获

籍贯　云南

职位　西南小企业联合会会长

管理成就　凭借自身的领导才能，成为西南地区各部族的首领，又通过与蜀汉集团的合作和斗争，粉碎了被收购兼并的命运，树立了自己的品牌地位。

参赛宣言　打出品牌！

演讲题目　小企业的超强生存法则

三国管理委员会

三国时代，是魏蜀吴三大集团博弈和竞争的舞台，也是大鱼吃小鱼，快鱼吃慢鱼的时代，无数的"企业"被兼并收购，被击垮破产……然而，有一家地处中国西南边陲的"小企业"，却始终保持着竞争优势，还经常主动出击，和"大企业"叫板，以此获得超额的"利润"……

这家"小企业"如何有着超强的生存法则？请仔细听我的讲述。

三国最牛的"钉子户"

我家祖居西南，西南地区多是少数民族，经济不发达，但我们这里没有癌症村，没有毒奶粉，没有雾霾天，没有工业化，没有尔虞我诈，还只是一些小型的畜牧、养殖和手工经济，我们过着简单而原始的生活……

然而，就在我们沉浸在桃花源中的时候，殊不知，外界已经发生了天翻地覆的变化！自诸葛亮成为蜀汉集团"CEO"后，开始走大举扩张的路线，蜀汉集团的经济模式快速复制，在大举北上的同时，也把目标对准了西南的"市场"，很快，蜀汉集团的势力扩展到整

个西南。

突然间的变革，打破了我们原有的生活轨迹，西南的少数民族，西南的地盘，西南的"小企业"，在懵懂中，响应了政府的号召，归到蜀汉集团的产业下。

当时，作为"西南地区小企业联合会会长"的我，对这一形势有着清醒的认识：我们不愿被"征地"，然而，我们又拗不过蜀汉集团和地方政府，但我们绝对不能乖乖地服从，可以用斗争的形式，增加我们的筹码，提升我们的价值，获得更多的"补偿款"。

于是，我组织了一批"钉子户"，群起反抗蜀汉集团，蜀汉集团使用了除了杀我之外的各种手段……

在这一过程中，我竟发现了一个惊人的秘密：斗争，原来是生存的最好手段……

"打"出品牌

有关调查表明：中国中小企业的平均寿命，已经从以前的5.7年，缩短到现在的2.4年！是什么原因导致了中小企业的平均寿命越来越短？是中小企业主的经营管理水平越来越低了吗？不是！是系统性的风险！这就如同三国时代，小的主公慢慢都被淘汰了，不是小的主公不努力，也是因为系统风险。

在系统风险面前，我们该怎么做？我对中小企业的第一个忠告是："打"出品牌！

如果没有和诸葛亮叫板，可能我的名字不会家喻户晓；如果没有我的大胆扩张，《三国杀》游戏里不会有"南蛮入侵"这个游戏卡；如果没有七擒七纵，我的永不服输，诸葛亮不会把我当成人物……

有多少小弟，想和成名的大哥火拼一场，有多少武林新秀，站在精武门前挑战权威，因为这是扬名立万最直接、最快捷的方式。虎牢关，刘备、关羽、张飞，三个人从车轮战到群殴吕布，吕布早已是成名人物，而刘关张还都是新兵蛋子，他们和吕布酣畅淋漓地打了一仗而没有落败，一战成名！这就是打出品牌。

一个无名的挑战者，最怕的不是被知名人物击败，击伤，而是怕知名人物对他不屑一顾，根本不把他当对手。

诸葛亮无疑是成名人物了，为了拔除我这个"钉子户"，他亲自带队，蜀国的主力部队倾巢而出，魏延、赵云等主力干将"全明星阵容"，不惜跋涉千里，可见对我的重视，而诸葛亮的行动，早已被全天下所关注，所有人都在猜想，这个让诸葛亮如此重视的人物，究竟是何方神圣？

单凭这一点，我已经成功了。

小企业的"王牌"

速度牌——只要捕捉到市场的变化，容易快速做出反应，做出应对的行动

补缺牌——任何行业都有被忽视的角落，被忽视的服务，小企业完全可以在缝隙中找到空间

你的企业虽然小，为什么就不敢挑战大公司呢？你如果就靠大公司"施舍"你一点订单过日子，你有抗风险能力吗？你有没有勇气和美国政府、欧盟打一场官司？你有没有勇气把你的核心产品做到最好，而不是被市场和客户所左右？你有没有勇气向媒体直言：我要在某个区域或某个领域内干掉某个大公司？

关键不是在于你能不能成功，而是你的气势，你的亮剑精神，已经为你赢得了尊重，赢得了关注，赢得了市场，赢得了品牌！

放手一搏！要么死得更快，要么活得更久！这完全取决于你的斗争智慧。我失败了七次又怎样？最后还是"董事长"，而且"公司"名气比以前响多了。

弱者是靠保护成长的吗？如果是这样，那么为什么历代开国皇帝都是被追杀出来的？而恰恰，他们的后代被保护得越来越厉害时，改朝换代又开始了。

> **小企业的斗争智慧:**
>
> 主动出击，打出品牌，即和名人叫板，省了一大笔广告费，提高自己的知名度。如果打广告，你就算花了钱，也未必能起到这个效果。

小企业的"护身符"

史书上没有七擒七纵的记载，当然，事实也不可能有。可是，只要是斗争，那注定就是残酷的。蜀汉集团花了如此大的成本来对付我，他们一定不会点到为止。然而，对他们来说，事情并没有想象中那么顺利。

我借着地理优势，和诸葛亮周旋，西南地区的地形崎岖险恶，还有瘴气、毒泉，诸葛亮一开始对这些估计不足，付出了巨大的代价。

我知道凭我个人的实力难以对付蜀汉集团，还找到了更多的盟友。小企业联盟可以在区域内获得相对优势，与大企业在这一区域保持势力均衡。

联盟内可以说是奇葩辈出，各有自己的核心竞争力：

木鹿大王养了很多"国家一级保护动物"：大象、老虎、狮子，蛇……一到打仗的时候，就好像野生动物园的围墙突然倒塌，各种稀有动物、夹杂着各种野人模样的蛮族兵，气势汹汹地跑了出来，中原的部队被吓得落荒而逃；

乌戈国主兀突骨更有个性，他们有一项"专利发明"：以当地的野藤为原料，以桐油浸泡七七四十九天，加工制作成藤甲。藤甲又轻又坚，能防箭，刀枪不入，遇水不沉，战场之上所向无敌，而这种藤只生在当地，出了西南就找不到这种材料。

这就是我们敢于和大企业叫板的资本！因为我们的特色经营，我们的独特卖点，很多都是大企业复制不了的。

特色经营，是我对中小企业的第二个忠告。

最后，我虽然败给了诸葛亮，但是，诸葛亮为什么不杀

我？为什么不换个蜀汉集团的人来当西南地区的"小企业联合会长"？最根本的是"企业文化"的巨大差异，诸葛亮可以兼并我们，但是跨文化管理他做不好。

我和诸葛亮休战之后，诸葛亮给我封了官。之后，我就用云南的各种特产与蜀国做生意，双方和谐相处……

战争，是为了不再战争。

小公司的战略就两个词：活下来，赚钱。

小企业的三大"护身符"：

技术壁垒——独特的工艺和技术，无法复制

原材料壁垒——取材于当地的原料，不能运到外地加工

文化壁垒——独特的企业文化

🎤 主持人：

　　11位选手已经全部亮相，马云云、柳传之、土石三位企业家组成的评委会、数百名企业家组成的强大投票团进行了紧张的投票。现在，第一轮的结果已经出来了。

　　我宣布，进入复赛的选手是：第一位：曹操；第二位：刘备；第三位：孙权；第四位：诸葛亮。

　　还有最后一位，他就是——司马懿！

　　恭喜他们！

《三国波士炖》初赛投票结果：

选手	得票数
曹操	288
刘备	276
诸葛亮	256
孙权	222
司马懿	211
孙策	133

选手	得票数
张辽	112
郭嘉	109
吕布	87
孟获	34
袁绍	0

🎤 主持人：

大家好，欢迎继续收看中国首档管理类大型真人秀——《三国波士炖》，三国时代最顶尖的管理者将首次以参赛选手的身份登上舞台，他们以真人秀的形式，带来最经典的管理案例、管理故事和管理工具。

本届《三国波士炖》邀请马云云、柳传之、土石三位企业家组成的评委会、及数百名企业家组成的强大投票团为11位选手投票打分，经过初赛（11进5）、复赛（5进4）、总决选，最终将评选出当代企业家心中最顶尖的三国管理达人。您可发邮件到wubin@yicai.com为您喜欢的选手投上宝贵的一票，也可加作者微信memorymemory719或QQ（18486955）参与互动。

经过初赛的角逐，目前仅剩下曹操、刘备、孙权、诸葛亮、司马懿5位选手，在复赛中，我们将有1名选手离开舞台，5位选手为复赛做了精心的准备，他们即将再次带来精彩的展示！

史上最强的真人秀，
精——！彩——！继——！续——！
有——请——选——手——登——场——！

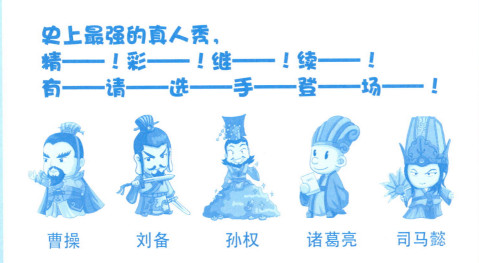

曹操　　　刘备　　　孙权　　　诸葛亮　　　司马懿

姓名	曹操
籍贯	安徽
职位	曹魏集团创始人
管理成就	曹操以凶悍的运作手法，破黄巾、擒吕布、灭袁绍、逐刘备、灭袁术、降刘表、攻张鲁、走马超、统一中国北方，兼并企业无数，无愧三国第一企业并购达人。
参赛宣言	挟天子以"并"诸侯。

演讲题目 企业收购兼并的艺术

三国管理委员会

不是英雄，不读三国 / 若是英雄，怎么能不懂寂寞 / 独自走下长坂坡，月光太温柔 / 曹操不啰嗦，一心要那荆州 / 用阴谋 阳谋 明说 暗夺的摸 / 东汉末年分三国 / 烽火连天不休 / 儿女情长 被乱世左右 谁来煮酒 / 尔虞我诈是三国 说不清对与错 / 纷纷扰扰千百年以后 / 一切又从头

纷纷扰扰，千百年以后，唱起JJ的这首歌，还是那么有感觉。而这首歌，也正是我在三国时代市场兼并战的写照。

东汉末年，强盛的东汉集团，渐渐成为一个传说。统一的市场分崩离析，天下13个州，13个州的区域市场被强行分割：

汉末势力划分：

冀州	幽州	并州	青州	兖州	豫州	徐州	凉州	荆州	扬州	交州	益州
袁绍	袁绍	袁绍	袁绍	曹操	曹操	陶谦	马腾	刘表	孙策	士燮	刘焉

在我进行大规模市场兼并前，每一家公司的"规模"、"市值"都相差无几，而我通过收购兼并建立起来的曹魏集团，一跃成为三国时代的巨无霸。

104

徐州兼并战，先赶走陶谦，后生擒吕布，稳定后方；

河北兼并战，干掉袁绍和他的儿子们，夺取黄河以北；

荆州兼并战，和平"控股"荆州集团；

当时，在主公当中流行一句话：珍爱生命，远离曹操。

那么，我是以何种方式占领市场的呢？总结下来，有以下几种：

(1)收购兼并，把竞争对手纳入自己的麾下

(2)市场竞争，直接消灭竞争对手

(3)战略联盟，与竞争对手达成利益共同体

今天，我具体谈第一种，收购兼并。

徐州收购战

集团成立之初，我的根据地兖州可以说是四面受敌，市场竞争非常激烈，必须进行收购兼并扩大市场份额。然而，北边的袁绍，兵强马壮，惹不起；南边的刘表，坚守荆州，啃不动；西边的马超，太远，够不着。最后，我把猎物先锁定了东边的徐州。

当时，陶谦是徐州的"董事长"兼"总经理"，这个人运气不错，因为他那边没有经历黄巾之乱，"保养"得很好，北方的劳动力都移民到那里，带来人口红利，各种资本、热钱都涌向那里，带来启动资金，推助了经济的发展。

可是，我们要等待机会。有一天，我得到一个消息：陶谦的身体出了问题，打算把总经理的位子让出去，并转让自己的一部分股份。然而，两个儿子都不愿意当老板，这让陶谦很绝望。

并购达人支招：乘虚而入

乘虚而入，其实就是要选准时机：比如大股东急于出手、股东间不合、公司现金流出现问题、公司正处于行业景气低谷、二级市场持续低迷……

机会来了！事不宜迟，我马上做出反应，带领大量集团骨干，全力运作收购徐州事宜。一开始，事情比较顺利，虽然陶谦一开始只愿转让部分股份，不愿让出控股权，但是，病危的陶谦没有能力和精力抵抗我们凌厉的攻势。

然而，收购兼并往往会牵一发而动全身，导致多米诺骨牌效应。就在将要取得实质性进展的时候，徐州集团邀请明星管理顾问团队——刘备团队加盟，提升了想象空间，估值飙升；而此时，南边的袁术集团突然高调宣布竞购徐州集团，导致公司股价大涨，收购成本暴增；而我们公司第二大股东张邈突然撤资，入股吕布集团与我们争夺兖州市场……

在如此环境下收购徐州，很可能付出惨痛代价，拖垮整个集团，不得不放弃，痛失机会。

我哪里肯死心？然而，等我们第二次去收购的时候，徐州已经换了"主子"，被吕布集团"控股"。这是怎么回事呢？

原来，陶谦病危的时候，看两个儿子实在不成器，就让当时还在自己公司当顾问的刘备接替"代总经理"一职，刘备半推半就，终于接受。可刘总经理的位子还没捂热，吕布就来捣乱了。当时，吕布因为与我们争夺兖州市场失败，总经理职位被董事会罢免，处于失业状态中，刘备觉得吕布是个人才，就推荐他做了公司的区域总监。没想到，吕布善于钻营，做事又不择手段，很快，反客为主，取代了刘备的总经理职位。

下一步，吕布就是想办法取得徐州集团的股权。他个人并没有多少资金，但他联合了一家由陈宫控股的并购基金，搞管理层收购，最终如愿，入主徐州集团。

并购达人支招：
借鸡生蛋

借鸡生蛋，一般都是管理层干的事儿，在收购中叫管理层收购，即MBO。管理层个人一般都没有足够的资金实力去收购一家公司，就用融资的形式购买公司股份，实现对公司所有权。

并购达人支招：
反客为主

> 先以合作、合资等形式进入公司，在条件成熟的时候控股公司。

身为徐州集团董事长兼总经理的吕布，春风得意，踌躇满志。就目前的形势，协议收购当然不可能，吕布刚到手的股权，给多少钱也不卖！那么，这一次我将采用什么策略呢？

从徐州集团的股权结构来看，其实相对比较分散，陈宫控股的并购基金是第一大股东，但比例不高，而且迟早要退出。陈宫之所以把吕布推到董事长的位置，是因为吕布有影响力，人又好控制。而第二大股东陈登是徐州的本土派，陶谦时代已是徐州股东，一直对吕布和陈宫不满，同时，还有一直跟着吕布创业的张辽、高顺、侯成、宋宪、魏续等多名自然人股东，他们总的来说都支持吕布。

那么，第二大股东陈登是突破口。于是，我们秘密约谈陈登，希望他能帮我们完成收购，我们会给予他政治上和金钱上的双重补偿。陈登考虑到我们集团是属于"国资背景"的垄断企业，挟天子以令诸侯，既是市场规则的制定者，又是规则的执行者，既当运动员，又当裁判员，谁与争锋啊，于是和我们一拍即合。

并购达人支招：
瓦解阵营

> 如果公司第一大股东抵制收购，那么，最好的方式，就是制造第一大股东和第二大股东之间的矛盾，让第二大股东及其他中小股东向你投怀送抱。

陈登绝对称得上是三国"潜伏"第一人，"无间道"鼻祖，他巧妙周旋，玩弄吕布和其他股东于股掌之中。吕布作为公司最高管理者，却没有更高的决策水平，这样在徐州集团一些重大决策上，陈登故意将公司往反方向引，而在正确决策上又投反对票，导致公司屡屡决策失误，业绩下滑，二级市场也引起连锁反应，股价大幅下跌。

趁此机会，我们以相对廉价的筹码，在二级市场上有计划的悄悄增持徐州集团的股份。我们用最短的时间，最少的成本，满足了要约收购的条件，然后突然向外界宣布，举牌收购徐州集团！市场哗然！

要约收购

是指收购人向目标公司全体股东发出要约，公告收购该公司，达到控股公司的目的。要约收购主要在二级市场完成，完全的市场化行为。

要约收购和协议收购不一样，协议收购像嫖娼，谈好价格大家就交易了，然后大家都开心。而要约收购像强奸，老子有钱，有股份，你不卖身也得卖。在出资方持股达到30%时，就会发一个要约公告，意思是告诉被收购方股东，我们要来买你了！

一般情况下，被收购方得知这样的消息，都会组织有效的抵抗：自己花钱在二级市场增持自己的股票，或联合其他机构投资者增持，这样，鹿死谁手，很难预料。

而这时，在徐州集团内部，出了一件不大不小的事。

因为跟我们长期的市场竞争，徐州集团管理、营销、财务三大费用大增，严重侵蚀净利润，于是，吕布为了厉行节约，砍掉成本，发布了严厉的规章制度：禁止一切公款吃喝！请客户也不可以！

集团里的管理层，哪个不都是公款吃喝惯了的，哪能受得了这种规定？这天，有个叫侯成的中层，自己被偷的宝马车追回来了，非常高兴，一看，部门里经费还不少，就想借这个机会，整点酒庆祝一下，但又怕吕布不高兴，就想了一个办法：给吕布也送两瓶好酒，他以前可是酒司令啊！说不定一高兴，就喝起来了。没想到，吕布没"喝吃"起来，反而喝斥了侯成，还动手打了侯成。

吕布很快受到了冲动的惩罚。

集团中层本来有几个是吕布的心腹，又是中小股东，但经过这样一件事，对吕布彻底失望，徐州集团已经失去了反对我们收购的抵抗力，甚至等待着我们的"强奸"。我们一举拿下徐州，成为那个时代的经典案例。

荆州收购战

荆州膘肥肉多，一直是各路人马虎视眈眈的蛋糕。然而苦于创始人刘表严防死守，一丁点儿的股权也未曾出让过。各路人马只好继续垂涎ing……

不过，我可没闲着：在刘表集团内部收买人心。不出两年，刘表集团的少壮派基本全成了亲曹派：包括刘表现任小舅子蔡瑁，大外甥张允，以及资深顾问蒯越。他们心向曹魏，早就盼望着与我联合，一举将刘表集团及其荆州市场拿下。

时机终于来到。刘表集团摊上了大事了：刘表病重，集团公司董事长即将传到"富二代"手中。刘表有两个儿子，老大刘琦是前妻所生，性格软弱温和，无人支持。老二刘琮为现任蔡夫人亲生，自然是众星捧月，为少壮派力推继承人选。

刘表刚刚咽气，刘琮便在蔡瑁、张允及蒯越等人的拥立下顺利登位。而此刻，他的哥哥还在江夏分公司上班，啥都不知道呢。刘琮屁股还未坐稳，便召集高管开会，议题当然是集团公司的发展大计。

不容他发表意见，各大功臣早已替他做好了五年规划。蒯越第一个发言："曹操已经正式提出收购意向。他的背后可是国资啊，我们如何惹得起？"

"没错。而且你们看曹操收购徐州的案例，吕布那样顽固反抗，最终还是被曹操得到机会成功控股，为发泄长时间郁积的情绪，曹操把吕布和陈宫直接废掉。董事长难道也想像他一样？"蔡瑁盯着刘琮。

刘琮心里发毛。他原本也没有什么宏图大志，是老妈硬把他推出来继承什么家族企业。其实，还是打魔兽、打飞机比较有兴趣。"那你们就看着办好了。"

既然董事长发了话，蔡瑁们便雷厉风行。一边派代表向我投诚，谈判合并事宜，一边向各子公司通报，将出售80%的股权给曹魏集团。

并购完成后，只剩下20%股权的刘琮被发配到青州公司"安度青年"，而蒯越、蔡瑁等人全部成为新集团公司股东兼高管。此次并购，通过拉拢荆州内部实权派，轻松获得荆州控制权。

> **并购达人支招：**
> **联合管理层**
>
> 　　并购不一定只注重与股东达成一致，联合管理层，许诺给他们一定比例的股权，他们会起到决定作用。

　　并购当中阻力最强的当属集团的最高领导人和他的心腹，对这些人要坚决打压。而公司内部的中高层，由于与股东利益目标不一致，很多人希望重新洗牌，通过并购给自己带来机会，提高职位和待遇。

谈兼并 摊煎饼

　　我不讳言我是并购达人，然而，我真正厉害的，不是并购，而是并购后的整合。因为并购不是最终目的，不是完事大吉。据统计，最近的500起公司并购案例中，50%都没有实现预期的目标，50%的并购两年内营收全面降低，61%无法弥补资本的成本。原因何在？

　　并购只是第一步，而整合，才是后面关键的99步。只有把这99步稳稳当当地走完，并购才能取得成功。

　　谈兼并，其实就像摊煎饼，你要想弄好，这个煎饼摊多大，火候如何掌握都有讲究，然后，还要让脆饼、葱花和鸡蛋，与煎饼融为一体。如果说并购是把两家企业放到一起，那么并购后的整合就是双面胶，并购"双面胶"包括三大要义：人才整合，运营整合，以及文化整合。

看看什么叫不惜一切代价

　　并购中最重要的问题就是核心团队的稳定，核心在则阵形在。

　　根据第三方机构对并购失败案例的调查，有85%以上与人力资源整合有关。如果人力资源整合不当，并购后第一年，将有47%的被并购企业高管人员辞职；3年之内，离职的骨干员工将达到72%。

如果并购造成员工的大量流失，所购买的企业无异于一个空壳，失去了产生价值的源泉。

企业被并购后，员工往往有心理落差，他们通常有以下担忧和疑问：

公司和我能从并购中得到什么？

我还有工作吗？

在新环境中，我如何能成功？

职位和薪酬的变化？

下岗或离职的补偿？

公司名称和产品品牌的变化？

我是这样处置并购企业人才的：

对于普通员工，我会在最短的时间内给他们一个明确的解释，让他们安心；

对于卖主求荣的员工，直接干掉；

对于那些掌握资源优势的高层，极力拉拢；

对于那些忠诚度高、业务能力强的骨干，不惜一切代价争取。

什么叫不惜一切代价？

长坂坡，赵云在百万军中，像无敌钢铁侠一样进进出出，杀了我上百员战将，你以为是在打街机三国志吗？不是！那是因为我下令不要伤他！为了欣赏他的才华，我手中的遥控器始终都没有换台。上百员战将的损失，光抚恤金得要多少啊？

还是在长坂坡，还是为了"保护"人才，张飞"我乃燕人张翼德也！谁敢与我决一死战！""燕人张翼德在此！谁敢来决死战！""战又不战，退又不退，却是何故！"三声超过1000分贝的噪音，直接导致我身边一位叫夏侯杰的秘书心脏病发作猝死，并造成曹军大溃退，酿成踩踏事故！

我留人、爱才的故事，已经讲了太多，虽然没有留住这两位超级经理人，但收获仍然大于付出，因为我为被兼并企业的其他员工做出了表率，对后来的一系列并购形成了良性促进。我集团里80%人才来自

收购企业。我的五子良将，什么张辽啊，徐晃啊，张郃啊，全部都是并购目标企业的人才。

你收购一家企业后，总会有人主动离职，这是不可避免的。那我们该采取什么态度和方法？一个现代化的企业，应该本着人才"只为所用，不为所有"的原则。

并购后如何对待离职员工：

对于能力超群，自己的"笼"蒸不下的"白骨精"，比如关羽，不妨大方而慷慨送之，高调为其饯行，欢迎回来看看，这里永远是你的家。

对于曾经的兄弟，比如陈宫，他如果要走，说一声珍重，哥们不送，今后还是哥们，以后请我吃饭。

而对于普通员工的离职，也不要将其作为反面教材来警戒其他人，抹杀原来的功绩，君子成人之美，赠人玫瑰，手有余香。

资源组合的俄罗斯方块

并购之后，对整个公司进行统一战略规划，对各类资源进行统筹控制，实现优化配置，才能实现价值的全面提升。

收购企业与目标企业各自拥有不同的资源，好比"俄罗斯方块"：有长有短，有扁有圆，只有穿插互补，嵌缀得宜，才能构建大企业王国。这实在是考验领导人功力的一道坎儿。

企业的资源重组，就像打麻将，对手手中的13张牌进行重新排序组合，目的就一个字：和。并购后要做的就是对五花八门的资产进行优化组合，最大限度发挥协同效应。资产与负债的重组，主要是把资产重新包装，债务重新安排，从而增加企业的财务价值。

我采取的策略是三个转变：由生产导向型企业向市场导向型企业转变；由经营产品向经营品牌转变；由着力于规模扩大向着力于运营能力提高转变。

操作方案如下：

（1）精简机构：小范围管理，同地区共享运输、分销系统，减少成本；

（2）品牌重组：减少自己人打自己人；

（3）增减子公司股权：增持表现好的公司股权，减持甚至注销亏损企业；

（4）提升管理效率：部分辅助业务外包（如物流），压缩周转时间。

文化整合关键词

赤壁之战，吴蜀联盟以少胜多，但我究竟为何会失败？我的解读是：文化整合失败。我军80万，人看起来很多，但核心职员是刚刚收购进来荆州公司的职员，还没有完全认同我公司的文化，我就急着把他们推上一线，导致了赤壁之战的失败，这成为我一生收购兼并中最大的痛。

合并后的两家企业，差异最大的是企业文化，最难整合的也是企业文化，整合企业文化，一定要有耐心，要花时间，这里给出几个关键词：

沟通、了解、信任

包容与妥协说说很简单，具体到操作层面，最重要的就是及时和有效的沟通，了解对方的真实意愿，并予以接受、认可，进而相互学习、调整、配合。在这一点上，企业伦理与家庭伦理可谓殊途同归，只是企业整合比家庭整合更为复杂。

规范、监督

公司日常经营不可能一事一议，天天召开董事会。并购方可以要求子公司按月提交财务报表，但财务信息往往是事后诸葛，缺乏前瞻性。很多并购方会派驻一名经理到被并购企业担任高管，增加信息对称性。

喝茶、打牌

单纯通过正式的沟通渠道（董事会等）获取经营信息的确不够，因此非正式沟通方式非常重要。公司也一样，客观上，股东、经理人团队之间都会有矛盾，我立志做好润滑剂，担当聚会的发起人、冲突的协调人，和各方成为朋友。比如常常喝茶、打高尔夫，交流起来自然流畅，掌握企业动态也水到渠成。

姓名　刘备

籍贯　河北

职位　蜀汉集团创始人

管理成就　各项水平都一般的领导人，却有各项水平都顶尖的人才为他服务。

参赛宣言　以德服人，以情感人。

演讲题目　果断授权

三国管理委员会

在三国的故事当中，有很多看似平常却又值得推敲的事。比如，为什么诸葛亮能成为千古贤相？最优秀的"职业经理人"？而曹操的"职业经理人"没啥名气？

为什么关羽能够成为千古忠臣的代名词？而曹操那边的统帅都没这么风光？

为什么张飞、赵云、黄忠武力排名都很靠前？每次参与市场竞争，都会为我签下几张大单，少则"一县"，多则"一州"，使我们市场份额不断扩大？而曹操的大将总是不温不火？

这里面，除了罗贯中刻意帮我们做宣传推广外，这其中的秘密还在于管理。

管理的哲学，就是总结这些显而易见又值得推敲的事。我今天谈的管理思想，是授权的艺术。因为我授权的艺术，成就了团队骨干的光辉形象，也成就了我自己。

一、授权的好处

在我创业的早期，我不懂什么是授权。我理所当然以为，一切事情都该是领导人做的。

在虎牢关大战，面对三国第一勇将吕布，我看兄弟关羽张飞战不下吕布，**亲自**上去PK，结果，他们为了保护我，牵扯了很大精力，没有能赢了吕布。

面对曹操的大小战役，我**亲自**上去指挥，结果，每次都是大败而回。

知道东吴集团老大的妹妹孙尚香招亲，我**亲自**过去相亲，差点没回来，开玩笑。

反正，大事小事，只要我一亲自上，十有八九会搞砸。我自知自己能力有限，所以我也挺努力的，天天想着怎么提高自己，从没有像曹操那样享受过人生。他"对酒当歌"唱卡拉OK的时候，我在工作，他"东临碣石，以观沧海"搞自助游的时候，我在加班。我也挺坚韧的，绝对是打不死的小强。但是，就是没起色，差哪呢？

我当时的窘况，就像我们很多创业的老板，面对瓶颈，找不到良策。

直到有一天，我碰到了三国第一"猎头"——水镜先生。水镜先生一针见血："你这个'董事长'这么凄惨，都是因为少了一个得力的'CEO'帮你打理！我帮你推荐一个，你把'公司业务'交给他，保证能成功！"

我四处奔波，一无所成，就是因为我没人可以授权啊！

正是这次感悟之后，才有了三顾茅庐，我**亲自**请诸葛亮出山的故事。（必须亲自！）

我找到了我的CEO，并给这个CEO提供了史上最大的发挥空间，在共同努力下，我们取得了三分之一的天下。然后，我又大胆委任"五虎将"，分管各大"区域市场"，下属有了发挥的舞台，积极开拓市场，我们的"市场份额"不断扩大。

最好的舞台，胜过最大的红包。

我豁然开朗：不明白不要紧，关键是用明白人。找到你的千里马，

比凡事都去修炼自己更重要！

只要你授权，做领导原来可以这么轻松，只要你掌握授权的艺术，做领导原来门槛这么低。

授权的好处：

实现下属的满足感
充分发挥下属的长处
减轻主管的工作负担
主管可以集中精力办大事

二、如何授权

如何才能做个成功的甩手掌柜？下面，我就谈谈授权的五种技巧。

1. 授权要授千里马

有人一直对一个问题很纠结：诸葛亮出山的时候，是个30不到的小伙子，而我，虽然混得不好，但毕竟是50岁的人了，也算是靠一仗一仗真刀真枪拼出来的江湖老大，我凭什么为了一个社会青年去三顾茅庐？诸葛亮之前没有任何就任高管的职业经历，我凭什么马上给他委以重任，万一搞砸了，那我不是败得更惨吗？

我发现，他身上有千里马的特质：

首先，他本来不是农民，却在南阳承包了一块地搞城镇化，他又不好好做农民，通过"猎头"水镜先生四处发"简历"隆重推荐，还"注册"了个人"商标""卧龙"，这实际上看得出，他有权力欲望，而且善于资金运作、包装炒作，适合做管理人才。其次，他妻子黄月英，是三国第一丑女，他能有如此的勇气，娶得三国第一丑女，说明是个勇于担当的男人，不临阵退缩。同时，能把家有丑妻当宝，也说明这个男人很忠诚。

更重要的是，诸葛亮在荆州士人当中很有威望，又和荆州地方势力有千丝万缕的联系（丈人是荆州四大家族之一，两个姐姐都嫁给荆州四

大家族）。有诸葛亮在其中运作，便于我在荆州立足！

诸葛亮就是一匹长期在历史大底横盘、马上要爆发的黑马股，我还不全仓杀入？我授权授给的是千里马啊！

千里马特质：

忠诚，细心
还处在事业底部，积蓄了很久
能独当一面，勇于担当
有权力欲望，但知道自己权限，不忘乎所以，不越权

2. 找对你打算授权的人

一开始，我还不太精于授权艺术的时候，也出过不少问题。

有一次，我到外面出差，留下张飞管理徐州，走之前，我仔细跟他交待了管理的各种注意事项，结果，我刚一走，张飞就开始胡来了：在一次聚餐上，张飞频频劝酒，有个叫曹豹的，就是不喝，当着这么多人面，不给领导面子，张飞能不气吗？于是，就打了曹豹。曹豹不是草包，开始疯狂报复，竟然勾结吕布，里应外合，把徐州给偷袭了。

现在看来，徐州的失守倒不能完全怪张飞，而是我授权的失败。第一，他没有主持全面性管理的工作经验；第二，他性格存在缺陷，情绪化严重，不适合做管理者。他可以成为最佳的先锋，但并不适合当大区总管。

后来，在竞聘汉中太守的时候，张飞呼声很高，他是我结义兄弟嘛，但委任公告出来后，出乎大家预料：魏延被我破格提拔。魏延，曾在长沙太守韩玄下面干活，后来杀了韩玄投奔我，在我这里级别不高，不太受人待见。但这个人在入川战斗中，表现出色，有当统帅的本事。为了消除疑虑，我专门为魏延搞了一个"就职典礼"，在会上，

我问魏延："你就任太守后，打算怎么干？"魏延说："如果曹操亲自率全国之兵来打我们，我替您挡住他，如果他派大将来打我们，我就消灭他。"这次成功的就职典礼，给魏延的威信大大加分。

作为管理者，授权一定要考虑事与人的相互配合。什么事可以授权什么人，你要做仔细规划，列出授权工作清单：

授权工作清单：
必须授权的工作——风险低，出错也不影响大局
应该授权的工作——下属通过锻炼，完全能胜任
可以授权的工作——具有一定挑战，需要提供训练和指导
不能授权的工作——关系公司前途、命运、方向，核心资源

明确授权的内容后，考察拟授权工作的性质和特点，分析每个下属的特点、能力、性格，授权合适担当的人。

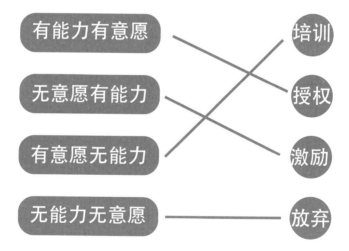

有能力有意愿 —— 授权
无意愿有能力 —— 激励
有意愿无能力 —— 培训
无能力无意愿 —— 放弃

3. 使其他人知道授权已经发生

诸葛亮刚当上军师，就摊上大事儿了——只见探子飞报：曹操派大将夏侯惇领兵10万，杀奔新野来了！

考验诸葛亮的时候到了。也是考验我授权水平的时候到了。

为了树立诸葛亮的威信，我之前已经多次在公开场合夸奖他："有了诸葛亮，就好像鱼得到了水。"但我的结义兄弟关羽张飞不买账，他们心想，你是鱼儿，他是水，你是风儿，他是沙，缠缠绵绵到天涯。那我们是什么？10万曹军杀来了，张飞嘲讽说："让'水'去抵抗好了。"

诸葛亮也不含糊，像模像样在那分派工作："关羽领1000人埋伏，敌军来放火……张飞带1000人埋伏，看南面火起，便可出击。"

两个人就好像没听见。张飞瞪眼看天，关羽闭目养神。

诸葛亮心理承受能力也真强，不管别人听不听，还在那指挥："关平带500人……敌人来放火……赵云作先锋；交战时只要败，不要胜……"

其他人也疑虑重重，面面相觑。

我看这不行啊，当场把尚方宝剑给诸葛亮了，谁不听我授权的CEO，那就是不听我这个董事长的！

后来，抵抗曹军的不是水，而是火。

诸葛亮新官上任三把火：这第一把火，火烧博望坡，一把火把曹军烧退了；第二把火，火烧新野，又把曹军给烧退了；第三把火更厉害，火烧赤壁，又把曹军给烧退了。而且自己也火起来了，这下没人不服了！

授权法则： 管理者需要为下属搭台，让他们尽情表演。为下属创造工作条件，保证执行力。

119

我最后一个授权的经典案例是"白帝托孤",堪称千古绝笔。

> 刘备临终前,在永安宫传旨召诸臣入殿,写了遗诏,托孤于孔明等,孔明等泣拜于地,刘备令内侍扶起孔明,一手掩泪,一手执其手,说死前有心腹之言相告。刘备泣曰:"君才十倍曹丕,必能安邦定国,终成大事。若嗣子可辅,则辅之;如其不才,君可自立为成都之主。"《三国演义》第八十五回

看明白没有?我要求孔明全权负责集团事务,甚至可以在必要的时候废掉阿斗自立。这次授权最彻底了。当时说这话的时候,可是全体员工都在场的,诸葛亮敢答应吗?背后潜台词是:我给你这么大权力,你还会越权吗?

其实,是让诸葛亮当着众人的面做出承诺,我绝不会越权。果然,诸葛亮"叩头流血",深感责任之重。继而答曰:"臣虽肝脑涂地,安能报知遇之恩也!"

这次授权的目标很明确:辅佐年轻的富二代董事长。授权的时间也很明确:一辈子!

"权力有多大,责任就有多大",也就是从这次授权以后,诸葛亮性格大变,从一个快乐青年,突然蜕变成一个"夙夜忧叹"的抑郁症患者。

白帝托孤,成为戴在诸葛亮头上的"紧箍咒"。既然给他的权力是无限的,责任自然也是无限的。他要独立承担集团的一切事务,而且,再也没有了我在后面搭台相助。

授权法则:

你要让员工明确自己在授权下需要达到哪些具体目标,以及在什么时间内完成,授权就变得可控。授权,是一种以退为进的管理艺术,授权的本质是控制。

4. 授权后要充分信任下属

虽然说诸葛亮成就了我的三分天下，但话说回来，也只有我这样的老总，才能成就诸葛亮。因为我的授权，真正让他达到了"无天于上，无地于下，无敌于前，无主于后"这样一种完全自主、不受掣肘，将自己的智慧才能完全地发挥出来，最终成为千古贤相。

我对诸葛亮的授权，成为中国历史两千年封建社会君臣关系的经典案例。

诸葛亮对我授权的艺术也很佩服，他专门写过一篇论文，叫《将苑》，中间有段话，大概意思是说，如果不给下属授权、却又要求下属忠诚，就像把猿猴的手脚绑起来，命令它跳跃，把神箭手的眼睛蒙起来，而强迫他射箭一样，结果是上下不一心，命令不能贯彻。

诸葛亮明白授权的重要性，但他自己却没能做到果断授权。

在我死后，他总揽军政大权，却事必躬亲，连个鞭打二十以上的刑罚，都要亲自数着打够了没有，唯恐他人不尽心，恨不得一天上25小时的班，最终导致过劳死，而因为什么事情都亲自处理，下属没有锻炼机会，依赖心重，最终人才凋蔽，生前辛苦打下的"市场"，被魏国吞并。

真是成也授权，败也授权。

授权法则： 要管头管脚，不要从头管到脚。很多事也许主管能比下级处理得更好，但也应该放手，给下属信心。你要放手让下属成长，你有更重要的事情去做。

最后，我强调下管理者的三个境界：

第一层境界：事必躬亲，以身作则

第二层境界：知人善任，掌握原则

第三层境界：人尽其责，全程掌控

这样才是高效管理。

你现在处在哪个境界呢？

三国讲坛

姓名　孙权

籍贯　浙江

职位　东吴集团最高管理者

管理成就　选择职业经理人具有独到眼光，驾驭职业经理人具有超人本领，使得四任CEO都尽情发挥才智，江东集团50年长盛不衰。

参赛宣言　找人分忧，为自己增寿。

演讲题目　职业经理人的选择标准

三国管理委员会

有人问，一个企业基业长青的秘诀是什么？一个人成功的秘诀是什么？

秘诀是……

先听故事。

我的哥哥孙策，奠定了江东基业，可是，26岁就被仇人杀了；弟弟孙翊，20岁就被部将砍了；弟弟孙匡，20出头就死于疾病；我的寿命比其他三兄弟的总和还长。

我活了68岁，统治了江东集团50年，江东集团兴旺了50年。

所以，基业长青的秘诀是：你还活着。

我和曹操、刘备的恩恩怨怨，几十年纠缠不清。我被曹操扁过，被刘备骗过，打败一个痞子，一个骗子，是我人生的终极目标！然而，曹操还没等我捉住，就知趣地死了，刘备到我们夷陵逛了一圈，莫名其妙也死了，这辈子我最大的两个仇人一下全没了，甚至连仇人的儿子都死了，我还活着。

所以，一个人成功的秘诀是：你还活着。

我为什么要讲这些？因为我想说的是，作为一个管理者，你一定要学会减压，给自己增寿，其实就是给企业增寿，你一定要找到合适的经理人，为自己分忧，其实就是为自己增寿！

一、职业经理人选择标准

如今，很多老板感叹：找一个合适的职业经理人，真是比找个外星人还难！可是，我为什么觉得那么简单呢？

在我担任江东集团"董事长"期间，我一共任用过四个"CEO"，用周瑜，赤壁大捷；用鲁肃，抗曹结刘；用吕蒙，夺得荆州；用陆逊，凯歌长奏。周瑜、鲁肃、吕蒙、陆逊，都是我选择的优秀职业经理人。

按需选人

江东集团是个典型的家族企业，也是从黑社会式的野蛮拼杀发展成一个大集团的。一个企业在不具备各种条件的时候，是靠顽强拼搏"野蛮生长"，但是，发展到一定规模时，就需要管理的滋润进入"营养生长"阶段。

要经历从"野蛮生长"到"营养生长"的转变，一般分三步：

（1）建立制度

（2）寻找职业经理人

（3）完善组织

每个公司在不同阶段，面临的重点都不同：比如，市场开拓，产品创新，资本运作，人员调整……这就需要在公司发展的每个阶段，选择不同能力特长的职业经理人。

一开始，东吴处在创业阶段时，需要一个开拓能力强的管理人才，于是，周瑜华丽登场；第二阶段，集团处于稳定发展期，需要一个外交和内政方面突出的管理者，鲁肃站出来了；第三阶段，集团处在结构转型期，需要打攻坚战，要得罪人，有胆量、有手腕的吕蒙脱颖而出；在第四阶段，集团从面临危机到步入成熟期，需要一个攻守兼备、志在长远的总执行，于是，陆逊上位了。

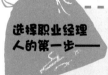

选择职业经理人的第一步——

界定清楚自己的需求，再寻找符合你需求能力范围的职业经理人。

CEO推荐CEO

"职业经理人"的产生方式有三种：

第一种，曹操式的"公开招聘"；

第二种，刘备式的挖"空降兵"；

第三种，哥哥孙策式的自己兼任。

我和他们都不一样，却最有效。

我主要是依赖上一任的推荐。哥哥孙策临终向我推荐周瑜，周瑜弥留时向我推荐鲁肃，而鲁肃死后，我又想起他推荐过吕蒙，吕蒙夺荆州前又推荐了陆逊。我的四任CEO就这样产生了。

因为他们相互之间最为了解，只要上一任CEO的人品和能力值得信任，他们推荐的接班人也不会错。也就是说，周瑜的人品和能力是无可挑剔的，那么，后面的事情就都不用自己操心了。就避免了我因为个人经验不足判断失误。

诸位，这种方式放在现代，可能大家觉得不靠谱，但在汉代，举荐制是人才的主要选拔方式，中央和地方大大小小的官吏，都是通过上一级推荐任命的。仅供参考。

选择职业经理人的第二步——

考察对方的人品，人品是最关键的。

选拔职业经理人方式的优劣对比

	优点	缺点
内部选拔	相互知根知底、不用支付高工资、对内部员工是一种鼓励	不一定能找到合适的、支付更多培训成本、容易任人唯亲
挖空降兵	带来新的经验、新的思维、新的外部资源、可能会盘活企业现有的资源	支付高工资、空降兵与企业文化上难以融合、难以有效驾驭员工、封锁了企业内部员工的上升空间
上一任推荐	省事、省心、省成本	需要满足假设的前提条件才能实施，否则就存在风险

我的选择标准

虽然有别人的推荐，可最后拍板的是我，买单的人也是我。我必须慎重。

在江东集团第一任CEO人选当中，还有一位在经验、资历都强于周瑜的牛人，他就是程普。程普是东吴的创业元老，骨灰级人物，早在我爹创业的时候就是二把手了，后来又辅佐哥哥，直到我。他是看着我长大的。他在军中最有威望，被人们尊称为"程公"。当时，所有人包括程普自己，都觉得他应该是CEO。

程公一直觉得周瑜是个"小白脸"，凭着和哥哥孙策的关系，才能和他平起平坐，所以经常对周瑜冷嘲热讽。周瑜毕竟是周瑜，他肯定是小学时那篇《将相和》的课文读得很熟，他的反应，和蔺相如是一样一样的。

赤壁之战时，我的"CEO委任书"出来了，周瑜是正的，程普是副的。这让程普无法接受，对周瑜的挑衅甚至带到了工作中，专门和周瑜唱反调，不听指挥。这可是决定东吴命运的时刻啊！这么搞还怎么对付八十万曹军？

我还真没看错周瑜！他有的是招呢。他使了什么招数？每天给程普按摩！

心理按摩。

程普不是觉得自己牛掰吗？干脆，周瑜在军政大事上，都谦虚地向程普请教，然后才下令执行，每次迎面遇到像吃了枪药的程普，周瑜远远就恭敬地行礼，程普被这样按摩爽得不得了，每次遇到周瑜，是他一生中最有快感的时刻！他这一生中，还没遇到一个上级领导，会这样对待他！

他渐渐感觉，对周瑜硬不起来了……

这里，大家也看出来了，我为什么不选程普？不是因为能力，而是因为程普的性格偏狭，他会因为情绪化而不顾全大局，险些误了大事。所以，一个合格的职业经理人，必须要有大局观。

选择职业经理人的第三步——查验对方的实际能力、大局意识。

125

二、《职业经理人使用说明书》

如今，我们绝大多数老板和职业经理人都在经历这样一个过程——从相见甚欢，到不欢而散；从相见恨晚，到相互猜忌；从形影不离，到各奔东西；从亲如兄弟，到反目成仇……

前三个月，老板对经理人还恭敬有加，三个月过后没有成效，就开始怀疑，半年以后，否定经理人的能力，差不多一年，经理人就要黯然离开了……

这其中的关键点在于：

（1）不能给职业经理人理想的收入水平，有能力的招不来，收入要求不高的人大多没能力；

（2）水平高、能力强的职业经理人，与原有团队难以融合；

（3）职业经理人大多都爱跳槽，业绩不好说走就走，业绩出色又被竞争对手高价挖走；

（4）老板与经理人的关系难以处理，职业经理人与老板各行其是，各算各的账……

如果你有这样的困惑，你得好好研究一下我的这份《职业经理人使用说明书》。

1. 对能力超过自己的人要安抚

周瑜是哥哥的发小，哥哥推荐的第一任CEO，他"雄姿英发，羽扇纶巾，谈笑间，樯橹灰飞烟灭"。这个"千古风流人物"，一手揽着超级美女小乔，一手策划赤壁大战，江山美人，尽在掌握，他可以说是三国时代身价最高的CEO。

我对周瑜的态度是既敬又畏。一方面，我需要他帮我打理集团上下，也要利用他帮我开拓江山。一方面，他自恃很高，在这样的CEO面前，所有的光环都是属于他的，他永远都是凌驾于我之上的一个完美的人。他才是东吴实际的控制人啊！

但是，我放弃的是自己的虚荣，而获得的却是整个江山！我必须重用周瑜。所以，我一直以讨好般的态度来安抚周瑜，也因此，他

在蒋干劝降时才能说出："大丈夫处世，遇知遇之主，外托君臣之义，内结骨肉之恩，言必行，计必从，祸福共之。假使苏秦、张仪、陆贾、郦生复出，口似悬河，舌如利刃，安能动我心哉？"（《三国演义》第四十五回）一番话。

2. 对能力不全的人不求全责备

　　周瑜曾两次举荐鲁肃，但是，我用鲁肃也绝对不是单纯地因为周瑜的一纸荐书。鲁肃的长处在于战略和外交，他提出了三分天下的设想，同时，他力主的孙刘联盟，使江东能和曹操分庭抗礼。

　　鲁肃也是一个称职的CEO，他担任CEO期间，东吴是最稳定的，没有打过什么仗，也没有获得过什么超额利润。但是，鲁肃最大的失误，就是让快要破产的刘备借东吴的资本咸鱼翻身，把周瑜用生命拼来的南郡，大手一挥就借给了刘备，使刘备成了我们日后的竞争对手。

　　然而，作为董事长，不能对CEO过于求全责备。

　　其实在这个世界上，所有的剑都是双刃剑。你在获得一种东西的时候，必然要失去一种东西，你在拥有一件东西的时候，必然要拿出一件东西做交换，只是有的时候你对失去的东西暂时还感觉不到，以为是纯粹的获取。

　　我明白，东吴的生存发展，是以刘备的崛起为代价的。所以，我心里佩服鲁肃，但表面上说："此子敬内不能办，外为大言耳，孤亦恕之，不苟责也。"《三国志·吴书·鲁肃传》

3. 对有能力短板的人要刻意培养

　　吕蒙是个"失学儿童"，因为家里穷，念不起书，十四岁就出来当兵了，他是真正的"从士兵到将军"的人。他屡立战功，然而，却没时间学文化和韬略，虽然已经当上领导，还是个大老粗。就像《亮剑》里面的李云龙，拿起枪来虎虎生风，攥起笔来颤颤巍巍，打起仗来像只野狼，读起书来是个文盲。

懂得木桶理论的人都明白，吕蒙的短板制约了他的成就。吕蒙能发挥多大作用，不取决于他武力有多强，而取决于他的韬略。

所以，我一直劝他读书，让他快速成长，并创建起学习型团队。起初，他总以忙为理由推辞，我怒了："别在领导面前说你忙！你难道有我忙吗？"吕蒙反驳：难道要我去做个博士吗？我耐心告诉他，当然不是做博士了，读书的方法，就像诸葛亮同学那样：独观其大略。我给了他一个早就列好的书目单：《战国策》《史记》《汉书》《孙子兵法》《六韬》《左传》《国语》……吕蒙晕了，但他还是硬着头皮开始读书了。

过了一段时间，我让当时是CEO的鲁肃过去考察，鲁肃到了吕蒙军营，那就先口试吧，出了几个问答题，关于天下大事的，没想到，吕蒙引经据典，对答如流。

鲁肃非常惊奇地说："你如今的谋略，已不再是过去的吕蒙了！"吕蒙还晒了一个成语说："士别三日，当刮目相看！"

吕蒙根本的转变，还是在于我的劝学，后来，他理所当然地接任鲁肃，成为第三任CEO，在岗位上建功立业。而他后来白衣渡江，奇袭荆州，不读书是想不出这么损的招数来的！

4. 对经验欠缺的人要放手去做

如果一个职业经理人，啥啥都好，就是太年轻，你敢用吗？

吕蒙奇袭荆州，让荆州重新回到东吴的怀抱。然而，他却一病不起，撒手人寰。而此时，东吴集团再次面临一场空前的危机：刘备举倾国之兵，进攻东吴。战报不断传来，刘备势如破竹，水陆并进，轻舟已过万重山！

用谁去抵抗刘备呢？我想到了吕蒙曾经推荐过的陆逊，他在袭荆州的时候，虽然还是个"实习生"，但却起了关键作用。当时，关羽忌惮吕蒙，对荆州防备很严，吕蒙怎么瞅也没机会，一阵急火攻心，就"死"了。而陆逊接替吕蒙后，上来先对关羽一通马屁，拍得老关十分舒服，老关一看，这么一小孩，90后都出来混了，根本没放在眼里，就放心地去打曹操了，谁想到，装死的吕蒙突然"复活"，一下子就袭了荆州。而这场"鬼片"的总导演，就是陆逊。

所以，我非常相信陆逊的能力。但是，陆逊那时的形象，估计和陆毅差不多，一个标准版的奶油小生，几乎所有人都反对他当CEO。

陆逊也是聪明人，他提醒我说，自己资历浅，没法领导他们。我安慰陆逊，你绝对有这样的能力，我一定要拜你为大都督。陆逊马上提出，别人不服怎么办？我说我赐你一把尚方宝剑，谁不服就杀谁。陆逊说，要是那么信任我，就公开在大臣面前任命吧。

陆逊的就职仪式，搞得像星光大典。我连夜赶造了一个拜将台，布置得相当奢华，然后设置酒会，在百官面前隆重拜陆逊为帅，授予陆逊尚方宝剑，又赐给陆逊官职，抬高他的身份。"少帅"陆逊终于登场，才华得到充分发挥，最终彻底击败蜀国。

如何充分发挥职业经理人的作用

和职业经理人充分沟通，了解他们的想法，消除他们的顾虑

让职业经理人获得足够的权力去制约和领导下级

为职业经理人创造表现的机会，让他们通过成功获得威望

5. 给职业经理人上养生课

官渡之战，赤壁之战，夷陵之战，三国三大战役，只有我，能连胜两场。如果说曹操是中锋，刘备是边锋的话，那我绝对是位优秀的守门员。曹操和刘备两次点球，都被我扑了出来。无论他们怎么射门，我就是不让你进球。

对周瑜大度，对鲁肃宽容，对吕蒙培养，对陆逊辅助，我对于四个CEO正确的使用，使他们撑起了我的江东集团。

可是，你们有没有发现，这四个CEO有三位都很短命？

周瑜，36岁；

鲁肃，45岁；

吕蒙，41岁。

事实证明，他们都是为我分忧的人，为我增寿的人，因为他们

都英年早逝，否则，英年早逝的人就是我。所以，必须要注意人才梯队的培养，否则就有可能断层。

每个优秀的职业经理人，其实都是有一种使命感的。似乎周瑜这一生的使命，就是夺荆州，鲁肃一生的使命，就是把荆州借出去，而吕蒙一生的使命，就是把借出去的荆州再拿回来。他们在完成人生使命的那一刻，生命如烟花般绽放，瞬间就照亮了整个三国时代，却又仿佛突然间消耗了太多的能量，在最美的那一刻如流星般消逝。

这难道就是宿命？

如果可以重新来一次的话，我要为我的职业经理人补上一堂养生课。

三国讲坛

姓名	司马懿
籍贯	河南
职位	西晋集团创始人
管理成就	为曹魏集团坐镇西部十余年，粉碎了多次对手进攻，捍卫了集团利益，并在这当中树立了自己的威信，并确立了儿子司马师、司马昭在集团中的领导地位。
参赛宣言	用最少成本换取最大利益。

演讲题目 我对成本的思考

三国管理委员会

在我进入今天的主题之前，先给大家讲一个有关成本的故事：

二十世纪五十年代，人类上演了史上规模最大的对峙，地球人分为美国和苏联两大"帮派"，在世界各地展开争夺！两国都拥有超级核武器，能让地球人从地球上彻底消失！

后来，苏联占得上风，采取了攻势，飞扬跋扈，不可一世，而美国突然偃旗息鼓了！在很多人觉得美国怂了的时候，美国突然提出了一项计划——"战略防御计划"，不跟苏联硬拼，而是不惜花钱发展防御力量，打破核平衡。苏联没有美国有钱，但是为了"维护和平"，军备必须跟上，勒紧裤腰带和美国拼消耗，最终导致破产！美苏争霸以美国的全面胜利而告终。后来发现，美国的所谓"战略防御计划"，比战略进攻还牛！这实际上是一种成本战略，利用自己的成本优势与对手相持，让对方在成本的消耗中灭亡。

其实，早在一千多年前的三国时代，这样惊心动魄的战争就已经发生了。当时，魏国和蜀国是中国两大对立集团，魏国实施了成本战略，让蜀国在巨额的成本消耗中灰飞烟灭，而这场战争的导演者，就是我。

131

一、成本战略——我的"论持久战"

战争是最有效、最认真的策划、组织和执行，我们可以学到很多很多。

那时，以诸葛亮为统帅的蜀国是进攻方，而以我为统帅的魏国是防御方，当时的情况是，魏国的整体实力要大于蜀国，一开始，我们也和蜀国打了几仗，可我发现，因为蜀国兵源不足，诸葛亮十分珍惜一人一马，花费巨大心血，亲自严格训练，达到以一当十，精锐善战，又因为诸葛亮号令严明，爱惜士卒，士兵无不死战，要想在战场上战胜蜀国，花费的成本是巨大的，很可能两败俱伤而第三方得利。

所以，我渐渐地开始摸索另一种方法：诸葛亮来攻了，我们据险而守，绝不出战。结果是诸葛亮六出祁山，耗尽心血，都好像是"组团公费出国旅游"，"差旅费"花光了，就只能回去，仅仅在回国时杀了我们"欢送"的队伍，起不了决定作用。

然而，却有人骂我说，司马懿，你患"恐亮症"了吧，该下课了吧！

勇敢，忠毅，鞠躬尽瘁，成就了诸葛亮千年的光辉形象，可是，我们是不是应该用成本的标准来校正一下呢？

魏蜀成本对照表：

成本	蜀国	魏国
人力成本	调用了几乎所有精英和主力部队到前线，战争后勤动用了蜀国一半的劳动力	牵动部分主力，不影响全局
时间成本	长时间远征，浪费了大力发展经济的机会	以逸待劳，边打仗边发展经济

健康成本	主要领导人诸葛亮鞠躬尽瘁，殚精竭虑	身体倍儿棒吃饭倍儿香
物资成本	消耗了全国的物资储备	少量
运输成本	陆路运输——要翻越海拔高度差近千米的秦岭 水路运输——逆流，完全要靠人力或畜力拉纤	背靠关中平原，运输方便
信心成本	蜀国是进攻者，久攻不下是目标受挫，团队积极性越来越低	魏国防御成功，团队信心大涨，为伐蜀成功创造条件

看到这样的成本对比，魏国伤得起，蜀国伤不起啊！

成本，就是做一件事所需要付出的代价，所耗费的人力、物力、财力。任何企业，谁都希望花费更少的成本去做更多的事，而不愿花大量成本徒劳无功。显然，我并不是"恐亮"，而是一种竞争战略，就是让竞争对手的错误一直犯下去，直到灭亡。

所以，我提倡利用我们的"主场优势"，和蜀国"论持久战"：战争分防御阶段、相持阶段和反攻阶段，最后取得"抗蜀战争"的胜利。我采取的策略是："敌进我退，敌退我追，敌驻我扰，敌疲我打。"用成本拖垮对手。

在现代商战中，进攻方如果不能速战速决，有三方面的危害：

1. 集团财力消耗

打仗实际是在打钱。说到底，就是人力、物力、财力的较量。

当时，曹魏集团的"营业收入"是蜀汉集团的三倍，而且集团业务稳定，现金流充足。而在这之前，蜀国老总刘备伐吴失败，耗费了苦心经营的过半成本，集团的"流动资金"捉襟见肘。

所以，照我来说，蜀汉集团不但不能打败仗，连成本太高的胜仗都不能打！蜀国是不存在取胜的客观形势的，但诸葛亮明知不可为而为之，进攻实际是空消耗集团财力。

如何应对你的挑战者？

如果你的企业在一个区域市场具有明显成本优势，而竞争对手为了渗透进这个市场，会花大量的营销费用、推广费用和人力成本，因此，我们不急于与这家企业马上打价格战，把他挤出去，而是利用你的成本优势，和他打相持战，对手因为经不起长期相持的成本消耗而走向衰弱，骑虎难下，而这种胜利是决定性的。

2. 加重"员工"负担

《孙子兵法》有句话："粟行三百里，则国无一年之积，粟行四百里，则国无两年之积，粟行五百里，则国有饥色……则百姓贫矣。"就是说，战争运粮的路线越远，人民越悲催。那么，蜀国的运粮车要跑多远呢？

在现代，你如果从蜀国都城成都到诸葛亮军事大本营汉中，坐K字头的火车，要8-9个小时，从大本营汉中再到前线，即现在的宝鸡，开车需要6个小时。总路程600多公里，1300里，在当时只能步行、而没有隧道直线、全靠爬山的情况下，可想而知运粮叔叔们的辛苦！这会导致什么后果？已经超出了《孙子兵法》的预测能力范围。

魏蜀成本对照表：

	魏国	蜀国
总人口	450万	90万
常备军	80万	20万

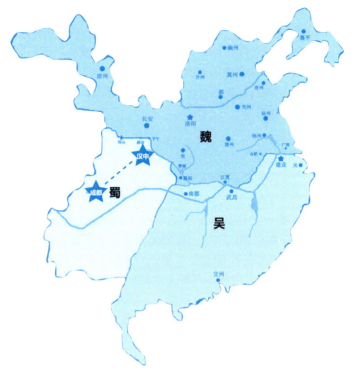

这样的兵民比例,加上负责运粮和后勤劳动力,哪还有人力进行经济建设?种地全靠妇女,伤得起吗?

蜀国人面有菜色,心存不满,随时可能报复社会,引起社会动荡,伤得起吗?

男人常年在外打仗,妇女常年种地,没有夫妻生活,人性变态,伤得起吗?

夫妻两地分居,没有时间生孩子,教育孩子,蜀国后继无人,伤得起吗?

3."公司"内部出现矛盾

当诸葛亮还在前线和我"缠缠绵绵"的时候,在他的阵营里,已经出现矛盾了!在成都总部的李严,相当于蜀国的"财务总监",突然给诸葛亮发了个消息:说大雨阻塞了道路,军粮没法运输了,要诸葛亮做好后撤的准备。

诸葛亮号称能夜观星象，懂天气预报，哪里下没下雨都知道，可这次，愣是没发现李严在骗他，撤军回到汉中后，才知道李严谎报军情，根本没有下雨，而是对"总经理"诸葛亮不满，消极怠工。诸葛亮没有多想李严"恶作剧"背后的真正用心，没有丝毫反省自己，反而把李严给开除了！可怜的"财务总监"！

财务总监的角色定位：

> 在企业里，一般财务总监充当了控制成本的角色，企业老总必须要给予他在成本控制方面的权威性，否则，就如同蜀汉集团一样形同虚设，成了替罪羊。
>
> 同时，这也是很多企业尤其是国企存在的弊端，企业不是自己的，在任的老总根本不管企业的未来、员工的死活。所做的一切，披着"理想主义"的外衣，听来振奋人心，其实是给自己积累"政绩"和升官资本的短视行为，哪管走后洪水滔天！

二、我对成本的几点思考：

1. 成本是魔鬼

我认为，诸葛亮的失败，主要是忽视了成本，不进行成本控制。他不懂成本的例子太多了，比如，诸葛亮所谓七擒孟获，实际上是不断提供孟获"0成本"的反叛代价，而给自己增加了更多的成本支出！

他以为俘虏孟获七次，南蛮就心服口服了吗？想想吧，每多一次，杀的人只有更多！结的仇恨只有更大！耗费的成本只有更多！要是换我，绝对不是和孟获玩"躲猫猫"的游戏，干脆直接杀掉孟获，换一个孟获手下有威望愿意归顺的部将坐孟获的位子，这是成本最低的一种选择。

作为一个现代企业，必须把成本核算放在第一位，在进行任何一次市场行为前，都要首先进行成本核算。

企业可能发生的成本：

厂房、办公楼的租金；
资金成本——借贷利息；
机器设备的维护和折旧；
原材料的消耗；
人员工资及福利；
管理费用、财务费用、销售费用；
税收……

企业家往往都是市场先行、销售先行的，而我的忠告是，必须财务先行：计算每一项可能发生的成本，再评估该项目所带来的收益，然后用预算、控制和管理整套程序去指导企业家每天的一切经营活动。

在企业管理中，必须把成本控制作为企业战略加以重视：

财务先行的战略：

事前算账——制定成本控制计划
事中控制——在每一个环节根据计划进行监督
事后检讨——分析成本控制的实施成败，不断改进

2. 别忽视隐性成本

诸葛亮在世的时候，蜀国虽然北伐耗费了大量成本，但是看上去似乎不觉得受伤，然而，他过世以后，蜀国立即就显出了衰败相，为什么？因为受了内伤。

这其中，很多隐形成本、未来成本显现出来了。我们刚才提到的成本消耗，是计在会计报表上的，消耗了马上能看出来，叫显性成本，然而，还有很多看不到的成本，一旦积累到一定时候，会立刻让企业"猝死"！你信吗？成本绝对是睚眦必报的。

> 隐性成本——不计算在会计报表之内、将来可能发生的成本，企业的人才危机、信用危机等，都是平时管理中一些问题得不到妥善解决而积累到一定程度后爆发的结果。

隐形成本的发生，是企业在之前决策失误和故意隐瞒的结果。

比如，诸葛亮在世的时候，一直排挤魏延，用他而不信任他。魏延也算是蜀国的一流将帅，但诸葛亮老是让他当"托"，不是诈败就是骂街，我数了一下，《三国演义》里，魏延真正失败的只有两次，而诈败的，有八次！诸葛亮还让他去骂阵，一大男人，像泼妇一样骂街，为的就是诱我出战。在七擒孟获的最后一场"戏"中，诸葛亮居然让他连输15场！引诱敌兵。想想魏延一代名将，搞得像个二逼青年一样，被人家在后面追着骂娘，还不能还手，也因此，种下了魏延日后谋反的祸根。果然，诸葛亮一死，魏延马上就带一拨人"单干"了，这样一闹，更加消耗了蜀国的成本。这是前任领导者决策失误带来的隐性成本。

再比如，诸葛亮生前啥事都是自己干，不懂放权，等他死后，蜀国后继无人，"高薪"搞来了一个"空降经理人"姜维，继任后更加不惜成本北伐，一次次受挫，却发誓将错误进行到底。这是前任领导者用人选人失误带来的隐性成本。

> 隐性成本还包括时间、信用、忠诚度、商誉、口碑等"看不见"的因素，对它们的不恰当消耗，都是成本。

说了半天诸葛亮，还是回到我自己。

在和诸葛亮打仗的时候，我下了一道命令：凡是抓住蜀国的俘虏，我出"路费"送他们回去！下属非常不解：为什么不杀他们？这不是给对方节省了成本吗？

我心里非常清楚，杀了这些小兵，对战争成败不起决定作用，把他们放回去，让他们到处去宣扬魏国是如何宽厚仁慈，以此来瓦解蜀国的战心。被俘后还能生还，他们在心理上就失去了拼命的决心，假使再上战场，不愿去做无谓的牺牲了，之后，统帅对员工的信用就丧失了。这让蜀国在一点点丧失信用成本。

信用成本也是一种隐性成本，长期积累会造成外对客户和社会、内对员工丧失信用。丧失了信用也就失去了发展过程的支持力。轻则经营成本增大，重则丧失客户、丧失优秀员工，使经营难以为继。

> 管理者必须树立"可持续发展"的观念，注重当前行为对今后成本的影响。要把成本管理的重点由对有形资源消耗的控制向有形和无形资源消耗的并重控制转移，把隐形成本纳入成本控制的战略规划内。

对诸葛亮的心里话

最后，我有一些话一直想对诸葛亮说，请让我借这个机会表达吧：

诸葛亮，你一直想置我于死地，可是，一直没能实现，而我，始终有机会灭你。有一次，你被我围住，搞了一个什么小儿科的"空城计"，连傻瓜都能识破，但是，我没有点破，为什么？

首先，你错误的"市场战略"，导致了蜀国成本的极大浪费，实力的极大消耗，这样一定会拖垮蜀国，如果你死了，换了领导，重新修改战略，蜀国就有可能变强。

其次，我在魏国的羽翼还没有丰满。我一直受到魏国大老板的猜忌，因为有你，他们才用我，没有你，谁不知道"鸟尽弓藏，兔死狗烹"的道理？我需要借抵抗你来壮大我的实力，体现我的价值。等我们司马家真正掌握了魏国权力，而蜀国实力也被你和你的徒弟姜维耗得差不多的时候，再灭你们不是很轻松了吗？

谢谢你，诸葛亮。你的鞠躬尽瘁死而后已，原来都是为了我！

姓名	诸葛亮
籍贯	山东
职位	蜀汉集团职业经理人
管理成就	一次隆中对，诞生了三国时代最成功的企划案，一个三分天下，成为三国时代最经典的战略样本。
参赛宣言	从小企业到大企业！

演讲题目　战略规划

三国管理委员会

一个人成熟的标志是什么？那就是他开始关心自己的成长，自己的个人发展，懂得为未来做规划。一个企业成熟的标志是什么？那就是一个企业开始有战略眼光，开始做战略规划。

有人读三国，发现刘备在没有我前后判若两人，觉得是我的个人智慧起了决定作用，其实应该说，刘备是在没有战略规划前后判若两人。我今天谈的就是战略规划。

战略规划定义：
制定组织的长远目标，并将其付诸实施

战略规划的重要性：
正确的方向指引
统一思想、目标一致
激发斗志

一、战略规划的基本方法

隆中对——中国第一份企划案

刘备，一个打不死的小强，创业的先行者，然而，在我出山之前，确实很背。颠沛流离，一无所成，开了几家"公司"，每次都是还没等找到"赢利模式"，就不是被收购就是破产，他迫切希望找个专家问问，他的"公司"病在哪里。

刘备在找了我三次之后，终于在南阳隆中的一间"农家乐"里见到了我。我早已拿出了那份我精心给刘备集团量身定做的"企划案"——天下三分图。

当时，这么机密的商业谋划，周围肯定是没人的，而不知为什么，这次对答竟然被像模像样地"偷拍"下来，上载到《三国志》里，并被疯狂"转发"，后人称之为隆中对。

隆中对的内容是什么？从现代企划的要素来考量，可以做如下描述：

天下大乱，市场自由竞争，弱肉强食，所以，在这种环境下要取得胜利，就要依靠人主动的谋划。

竞争对手分析：

竞争者	优 势				
	天时	地利	人和	实力	能力
曹操	挟天子以令诸侯	统一了整个中原		拥百万之众	善谋
孙权		长江天险	已历三世，国民依附		
刘表		用武之地			领导者无能
刘璋		易守难攻天府之国	人心不齐		管理能力弱

从图表可以看出，曹操占据四项优势，孙权占据两项优势，刘表和刘璋各占一项优势。所以，我给出的建议是：

曹魏集团——占据绝对优势，实力太强，不能和他争锋。

江东集团——占据地利人和，可以利用，作为合作伙伴，不能图他的地盘。

荆州集团——战略要地，但领导人守不住，是地上的肥肉，要赶快去抢。

益州集团——天府之国，但人心不齐，荆州站稳之后的下一个目标。

隆中对，成为中国最早的"企划案"，也成为刘备集团研究并关注战略的开始。

战略规划需要解决的问题：

1. 导向问题：

竞争导向——重点在确定谁是竞争对手，选择什么样的竞争策略，如何提高竞争优势

市场导向——重点在确定目标消费者，如何满足目标消费者

成本导向——重点在于成本的盈亏平衡点，产生规模效应

创新导向——重点在技术创新

2. 角色定位

市场领导者——提高品牌知名度，提高行业标准，重视产品开发设计

市场挑战者——分析市场领导者，找出自己的竞争优势，确定该做好什么，放弃什么

市场追随者——对市场领导者进行模仿学习，寻找市场空隙，建立自己的渠道

市场补缺者——和行业的其它企业进行合作，为他们进行服务，先保证活下来

三分天下——什么是成功的SWOT分析

距离并不可怕，可怕的是你不知道距离。

刘备的前半生，只知道和曹操对抗，试过的招数也很多，比如组织暗杀，参与所谓"衣带诏"事件，比如借刀杀人，联合袁绍对抗曹操，也尝试过和曹操正面火拼，但都以失败告终，那就是因为：刘备只有除掉曹操的总目标和恢复汉室的愿景，而没有实现目标的战略规划和发展路径，永远被环境拖着走，没有有意识地布局，都在盲目用力！

那么，刘备实现梦想的战略规划和发展路径又是什么？我又对刘备集团作了SWOT分析：

	优势（strength） S1：有威望 S2：有凝聚力 S3：骨干业务能力强	劣势（weakness） W1：实力弱 W2：没有根据地
机会（opportunity） O1：天下大乱，豪杰并起 O2：刘表无能，刘璋暗弱	SO：发挥优势，利用机会获取荆州，壮大自己 占领益州，扎稳根基	WO：利用机会，克服劣势，立足新野发展革命队伍 壮大队伍，增强实力
威胁（threat） T1：曹操的敌视	ST：利用优势，回避威胁 避免与曹操正面作战，开辟其它战场	WT：减少劣势，回避威胁 联合孙权牵制曹操 建立联盟，和曹操三分天下

经过这样的分析，刘备集团的战略路径其实已经浮出水面：

短期战略：

　　把新野当作根据地，发展革命队伍；

　　招兵买马，加强训练，提升军队实力；

　　与孙权建立联盟，共同对抗曹操。

中期战略：

　　尽快占领荆州，做好占领益州的准备；

占领益州，三分天下。

长期战略：

等到曹操阵营内部有变，出兵中原，恢复汉室。

隆中对战略可以用"一个中心，两个基本点，三个步骤"来概括：

一个中心——兴复汉室；

两个基本点——人谋、人和；

三个步骤——夺取荆州、夺取益州、北伐中原。

战略规划的步骤：
第一步，确定战略目标
第二步，选择实现方法
第三步，选择企业的组织结构、管理体制等

刘备看完策划案，就像白内障患者刚做完手术，眼前立马一片光明。从此，刘备和我开始了辉煌的创业过程……也正是这一正确决策，刘备集团才得以绝处逢生，立稳脚跟，日新月异，与曹操和孙权鼎足天下。

战略规划的方法——SWOT分析：
SWOT分析,很多地方写得过于复杂，还夹着英文，其实并不高深，就是把机会、风险、优势、劣势四个方面一条一条罗列出来，写在纸上，然后做个排列组合，那么，机会和优势的结合，就是你今后重点做的，风险和劣势的组合，就是你要提防和回避的，就这么简单。它比较主观，没有精确的数据支持，但你要很清楚地知道自己的优势和劣势，清楚地认识到风险和机会，否则，这个东西就是扯淡。

管理者要手持两面镜，一是放大镜，另一个是望远镜。

放大镜——解决当下的问题（微观）

望远镜——预测未来的危机（宏观）

二、战略规划，穿越的艺术？

"大梦谁先觉？平生我自知。草堂春睡足，窗外日迟迟。"这首诗是我在南阳做农民时的写照。很多人疑惑，我"躬耕南阳"的时候，是怎么做出战略规划的？你想想，一个乡下汉子，每天二两花生米，一盘拍黄瓜，半只鸡，整点小酒，然后就光脚赤膊睡在茅舍，梦到娶媳妇，太阳晒屁股了都不愿起床。怎么也想不出，在这样的环境里，能做出《隆中对》的千古绝唱，难道又是"穿越剧"？

我的"小数据时代"

暂隐山林的我，注意以各种方式，从各个方面搜集信息，了解社会、政治、军事的种种动向。我平时刻苦读书，读书方法是"独观其大略"，意思就是涉猎非常广，只掌握书中的基本观点和精髓。

那时候，做"猎头"的水镜先生在隆中开了一个"论坛"，吸引了众多高端人士发表观点，我和水镜先生、徐庶、石广元等一大批"评论员"，经常在里面"灌水"，交流思想和信息。

隆中虽是小地方，但地处南北要冲，交通发达，信息发达，我们实际上把它当成一个小的"信息处理中心"。而且，我家上面有人，消息灵通，两个兄弟分别在吴国和魏国做官，我岳父黄承彦又是荆州"四大家族"之一，我的两个姐姐都嫁给四大家族。我还十分喜欢"自助游"，勘察山川地理、了解风俗民情、气候物产等，收集各种数据信息。

经典案例：

借东风——气象信息的掌握

舌战群儒、三气周瑜、空城计——对手基本情况和心理信息的掌握

七擒孟获——地理和风土人情信息的掌握

隆中对——各国政府内部信息的掌握

战略决策不是"穿越剧",而是穿越所有表面的迷雾,看到远方的风景,战略决策成功的关键,在于对信息的判断和分析能力,而不是巫师式的预言!我以我独有的信息来源和采集渠道,高超的信息处理能力,创造了三国中属于我自己的"小数据时代"!

而如今,"大数据时代"已经来临,全球数据正以每年超过50%的速度爆发式增长。小数据靠人脑,大数据靠电脑。大数据时代,企业只需运用统计学原理,借用计算机处理数据,做出模型,为战略决策提供依据。

所谓得数据者得天下,数据成为企业的战略资产。企业的战略决策水平,取决于拥有数据资源的多少、分析处理数据能力的大小。那么,在大数据时代,如何做数据的处理,又如何通过数据模型,为企业做战略决策呢?

呵呵,这个问题,地球人还没法给你一个准确的答案。

战略的本质是个概率问题: 这个世界上没有未卜先知的神仙,只有大概率事件。战略预测其实就是如何精确估计各种状态的概率值。如果对决策所需的信息掌握得比较全面、准确、及时,分析实事求是而又符合逻辑,那么对战略决策就会相对精确,成功的可能性就会很大。所以,战略决策的前提是信息的收集和处理,而本质就是找到大概率。

怎么能让预测更靠谱点

事前猪一样,事后诸葛亮。这是很多老板的真实写照。他们不知道如何做有效预测,只会马后炮。战略决策其实是依靠有效预测,那怎么能让预测更靠谱点?

讲一个我刚出茅庐时的故事。那时,我们部队驻扎在新野,随时可能受到曹操的攻击。而刘备却很放心地把部队的指挥权交给了我。于是——"孔明朝夕教演阵法。忽报夏侯惇引兵十万,杀奔新野来了。"(《三国演义》第三十九回)

有什么问题吗?

这其中有很大的问题。

对我来说，夏侯惇的十万曹军不是大问题，而是来报信的这个人有大问题。

如果他这样向我汇报，我这时就要反问了：你怎么知道敌军的数量是十万？又怎么知道敌方的目标是新野？如果这个侦察兵能够答出来，就应该调他到信息处理部门工作。

那么，侦察兵一般怎么做汇报？侦察兵只汇报他能看到的。比如，他数了夏侯惇部队吃饭的锅灶，士兵大便的数量（这个活好作孽啊！），又观察了他们行军时的扬尘……然后把这些直观的东西传达给情报分析部门，情报分析部门再根据这些情况做推断。所以，《三国演义》绝对是一个误导，这里的侦察兵一个比一个厉害，如果到了大数据时代，他们都能做"首席数据官"。

当然，这个故事和战略规划本身无关，但是，却反映了中国企业普遍存在的误区：对于做战略规划最重要的依据——信息，实际上都是收集人主观臆断得出的结论，老板问下属，下属为了应付就随便下结论，而企业以为是拿到了尚方宝剑，反映到做战略规划阶段，老总自己也是一样，太相信直觉，又是在别人直觉得出的结论基础之上再通过自己的直觉做战略规划，而不是根据客观事实去推算、推理，您想想，靠谱吗？企业都是死在这上面的！

信息处理的正确方法：讲自己客观的所见所闻，而不是用差不多、可能、肯定等形容词；
只相信数字，结论全部用数据说话，用数字推算；
让员工讲清楚数据的来源、考察数据来源的真实性；
用不同的人从不同角度求证结论，找到共识。

战略规划，就是比谁看得更远，如何看得更远，就是要站得更高。站得更高，不是站在珠穆朗玛峰上，而是站在正确的事实之上，事实准了，战略自然就准了。

在这个世界上，每个人都是一个小的数据处理中心，我们每时每刻都在计算着做一件事情合不合算，为我们做出选择，要不要继续。而每一个企业，是一个大的数据处理中心，它通过自己的信息处理体系，去考量如何实现效率最大化，战略决策必须是一个系统工程。

🎤 主持人：

　　11位选手已经全部亮相，马云云、柳传之、土石三位企业家组成的评委会、数百名企业家组成的强大投票团进行了紧张的投票。

　　现在，复赛的结果已经出来了，但排名情况和初赛有所不同，而且有一点小的意外，那么，谁能晋级，谁又能走到最后，我宣布，进入决赛的选手是：第一位：曹操；第二位：刘备；第三位：司马懿；

　　还有最后一位，他就是——诸葛亮！

　　恭喜他们！

《三国波士炖》复赛投票结果：

选手	得票数
曹操	288
刘备	285
司马懿	278
诸葛亮	231
孙权	230

主持人：

　　说来有点意外，在上一轮票数排名第三的孙权被淘汰了。我们请评委作一下解释：

马云云 孙权是浙江人，我也是浙江人，春秋时期，越国有个叫范蠡的，也是浙江人，生意做得很大，也可以说他是中国最早的"浙商"，孙权具备了大多数浙商的性格，但我更喜欢有进攻性的浙商，理想主义的浙商，拼命三郎式的浙商，执着于信念的浙商，我从孙权身上没有看到。

柳传之 我不否认孙权管理的成功，但是，我觉得评判一个成功企业家的标准，必须是亲自经历过创业阶段的，其他几位，曹操、刘备，包括司马懿、诸葛亮，后两位虽然不是一把手，但也都是经历过创业的。没有创业，何谈管理？孙权在这方面有先天的不足。

土石 我们这次评选的逻辑，并不是去比谁的管理思想、管理水平的高下，我所看到的11位选手，他们每个人所讨论的课题，都可以是一本教科书，都很精彩，很实用。但是，我们今天要评选的，是当代企业家心目中的三国管理达人，从这个意义上说，孙权可能在当代企业家心目中的地位还不够。

🎤 主持人：

　　大家好，欢迎收看中国首档管理类大型真人秀——《三国波士炖》，三国时代最顶尖的管理者将首次以参赛选手的身份登上舞台，他们以真人秀的形式，带来最经典的管理案例、管理故事和管理工具。

　　本届《三国波士炖》邀请马云云、柳传之、土石三位企业家组成的评委会及数百名企业家组成的强大投票团为11位选手投票打分，经过初赛（11进5）、复赛（5进4）、总决选，最终将评选出当代企业家心中最顶尖的三国管理达人。您可发邮件到wubin@yicai.com为您喜欢的选手投上宝贵的一票，也可加作者微信memorymemory719或QQ（18486955）参与互动。

　　经过初赛和复赛的角逐，目前仅剩下曹操、刘备、诸葛亮、司马懿4位选手，在总决选中，最终将产生本届《三国波士炖》的总冠军和三个单项奖，你准备好了吗？

史上最强的真人秀，
精——！彩——！继——！续——！
有——请——选——手——登——场——！

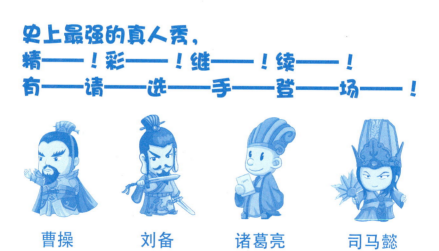

曹操　　　　刘备　　　　诸葛亮　　　　司马懿

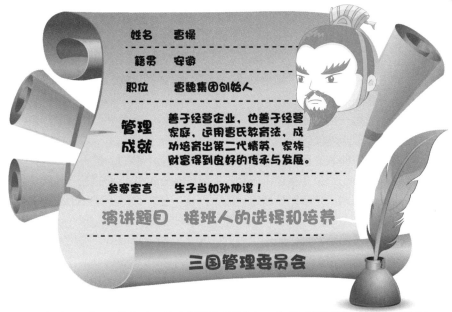

姓名	曹操
籍贯	安徽
职位	曹魏集团创始人
管理成就	善于经营企业，也善于经营家庭，运用曹氏教育法，成功培育出第二代精英，家族财富得到良好的传承与发展。
参赛宣言	生子当如孙仲谋！

演讲题目　接班人的选择和培养

三国管理委员会

公元213年，我亲率40万大军南下江东，与孙权7万军对峙，久攻而不能破，见吴军阵容整肃，孙权英武异常，深为羡慕。走的时候，留下一句话："生子当如孙仲谋"！

曹操为孙权点赞的故事，孙权的粉丝辛弃疾，特意作词一首："何处望神州，满眼风光北固楼，千古兴亡多少事，悠悠。不尽长江滚滚流。年少万兜鍪，坐断东南战未休，天下英雄谁敌手？曹刘。生子当如孙仲谋！"后世广为流传。

是啊，哪个领导者不希望有个英明的儿子做继承人？你再富有，再强大，人生不过百年，该如何规划自己的财富传承，延续自己的商业梦想，是企业家最关心的问题。

家有好男儿

我的遗传基因也不差，我有25个儿子，没有一个纨绔子弟。丁夫人的长子曹昂，是个一身正能量的好小伙，可惜在一次意外中死于沙场。

我的卞夫人生过四个儿子：曹丕、曹彰、曹植、曹熊。

老大曹丕隐忍深沉，工于心计，是块搞政治的好料。

老二曹彰英武不凡，膂力过人，能手格猛兽，善于冲锋陷阵，斩将杀敌。

老三曹植（字子建）才情卓绝，建安文学独领风骚，所谓"天下才共一石，子建独得八斗"。

另外值得一提的是，我还有一个儿子，曹冲，就是那个"曹冲称象"里的曹冲，聪明绝顶的"小冲哥"。

然而，企业家光有良好的遗传因子，是远远不够的。我一直有这样一个观点：衡量一个企业家是否成功，不止你自己成功，你的下一代能将你的事业发扬光大，并成功传递给他的下一代，你才称得上是一个成功的企业家。

这么多好苗子，我是如何培养的，又是如何选择接班人的呢？谈谈我的曹氏教育法。

曹氏教育法

为了知道孩子们的兴趣爱好，给他们正确的引导，我经常会问孩子们各自的志向，和他们崇拜的偶像。

我的二儿子曹彰，成天只知道打打杀杀，和老虎玩摔跤。而且这小子有些基因突变，长了一脸黄色的胡须，乍一看像"猫王"，仔细看像"流氓"，老虎见了，以为是自己失散的"情郎"。就这么一货，鸡爪大的字认不了几盘，一开始我还真有点担心，可后来想通了。

有一次，我问他：你以后的志向是什么？你崇拜的偶像是谁？

小曹彰边跳骑马舞边说："我的志向是做大将军！我的偶像是卫青、霍去病！"

我立刻表示高度赞赏，继续追问："要怎样才能做将军？"曹彰答道："要披坚执锐，遇到危难时挺身而起，身先士卒，有功必赏，有罪必罚。"

于是，我就引导他向武将方面发展，找老师教他习武，向他传授军事知识。并且告诉他，做大将军可不是和老虎摔跤那么简单，除了要勇猛善战外，还需要有谋略、有智慧，就督促曹彰去学习《诗经》《尚书》，这样，曹彰也开始主动读一点书了。

在现实生活中，我们有些家长喜欢拿自己孩子的短处，比别人孩子的长处，结果相形见绌，就开始埋怨孩子一无是处，最后伤到了孩子内心深处。

曹氏教育法1：
引导长处

不要按照你的想法去要求孩子那些他不想做、也做不到的事情，找到孩子的兴趣特长并给予引导，发挥出他的长处，他会因为成就感的激励而主动去努力，这是最关键的第一步。

我的观点：如果家里有条件，还是不要让孩子接受大众教育，因为他们做不到因材施教。要做到因材施教，就要根据每个孩子不同的特点，给孩子找合适的老师。

几个儿子中，我发现曹丕最喜欢政治，喜欢管理。我心里隐隐感觉，曹丕最适合接替我的位子。于是，我给曹丕找的导师是司马懿和陈群。司马懿是个政治天才，而陈群是个出色的"职业经理人"，他们和曹丕在一起会很投缘，能在政治和管理两方面影响曹丕。跟着心计深沉的司马懿，曹丕政治手腕越来越灵巧，水平超过很多跟我创业的元老，这让我很放心，跟着以制度和法律见长的陈群，曹丕对管理时务越来越娴熟，最后还在陈群的帮助下弄出一个"九品中正制"，对后世的管理影响深远。

曹氏教育法2：
多生孩子

奉劝企业家、或者想做企业家的创业人士，在选择老婆时一定要找生育能力强的，有条件还是要多养几个孩子！
孩子多的企业老总，根本不用担心继承人问题，不用刻意去改变孩子的志向，因为总有一款适合你。

曹植是个文学青年，比曹丕反应快，也比曹丕会善于表现自己，在曹魏集团，这方面最强的，无疑是杨修，那就让杨修带曹植了！果然，曹植越来越反应快，以至于可以七步成诗，绝对是冠盖古今第一人！

学政治的找个政治家，学诗赋的找个诗词家，这样各得其所。跟自己趣味不相投的老师，孩子老师都别扭，都浪费时间。

**曹氏教育法3：
选对老师**

孩子跟什么老师像什么人。企业家不一定要为子女找名气最响、开价最高、或者专业成就有多高的老师，能潜移默化影响孩子往你想要的方向发展、和孩子志同道合的老师才是最好的。

"山寨版"的曹操？

情景再现：
在无数人的目光注视下，一场大幕拉开：
舞台上，曹操与卞夫人端坐当中。
卞夫人飞针走线，曹操深情相望。
卞夫人在做什么？
补被子！
卞夫人：这床被子真经用，都用了十年了，缝缝补补，都有好多补丁了。
曹操：补丁越多就越厚，冬天暖和，夏天去掉棉絮，当单被用，刚合适。

初看时，很多人忍不住要笑，以为是山寨版的故事，曹操这么大的人物，俩人有必要这么抠门吗？又是在炒作吧？
这是北京人艺演出的一场郭沫若话剧里的镜头。
当然，人物是山寨版的，是演员演的，但这的确是我真实的生活。

不信，《三国志》里有记载。

在对待家庭生活方面，我力主简朴。虽然富甲天下，但我们以身作则，培养孩子对于财富的敬畏感，节俭的意识。

摆出来撑门面的帷帐屏风坏了，补一补照用，被子坏了，补一补照用，甚至在交待后事的时候，把剩余的熏香，都分给妻妾们，别扔了浪费掉。我也鼓励她们自食其力，平日在房里没什么事做，可以学做一些工艺鞋子，可是宫廷手工艺啊！顶级奢侈品啊！

果然，曹丕非常"节俭"，这小子继任后，老爸留下的美女舍不得扔掉，直接弄了过来，充当自己的后宫，这样节约了时间，省下了开支，更为下岗宫女提供了再就业的机会。

在文化教育方面，我戎马一生，能有多少时间给孩子听写、陪读、送孩子上辅导班呢？更多的是身教。我喜欢读书，不管多忙，都手不释卷，孩子们耳濡目染，学习的积极性很高，七八岁就能写作文了，他们都觉得学习是件特别快乐的事。

曹氏教育法4：言教不如身教

　　三等父母做保姆，二等父母做老师，一等父母做榜样。父母的表率作用太重要了。自己必须为孩子做出榜样。

企业家为下一代奠基的三种模式

有个叫德鲁克的管理学家说过：管理得好的工厂，总是单调乏味，没有任何激动人心的故事发生。是啊，三国鼎立形成后，曹魏集团发生的激动人心的事越来越少，不知道这是不是我心态老了，还是小德所说的是管理得好的表现。反正，在这段时间，我基本没有对外扩张，而是更多的考虑自己的传承问题。

一般来说，企业老总给儿子接班铺路，有三种模式：

模式1：清除所有对儿子产生威胁的老臣

代表人物：孙权——因为自己18岁当政时，饱受老臣气，所以，在他晚年，一改从前举贤任能的风范，把包括陆逊在内所有有能力的功臣杀光光，目的就是让儿子没有威胁。

缺点：这样就造就了一个武大郎开店，集团的整体智慧和能力受损。

模式2：让忠诚度和业务能力高的老臣全力辅佐

代表人物：刘备——用"托孤"的办法，让忠诚度和业务能力都极高的CEO诸葛亮全力辅佐。

缺点：把鸡蛋全部放在CEO这个篮子里，这样造成了CEO独断专行，而在诸葛亮离世之后，公司无以为继。

模式3：培养儿子具备老总的能力，控制全局

代表人物：我本人——真的是培养一个接班人。把皇帝的位子留给儿子，让儿子在地位上超过自己，来压制那些老臣。

缺点：占用自己很大精力，也给下一代很大压力，而是否能培养成材是个未知数。

早点培养接班人

俗话说：花盆里栽不出万年青，猪圈里养不出千里马。

刘备老来得子，又是独生子女，娇惯，刘禅出生以后，基本都是女眷给带着，再大一点搁到后宫。所以，第一，女性化倾向，比较懦弱；第二，后宫听信谗言，尤其信宦官。最终落个亡国之君。

诸葛亮那么能干，可自己儿子诸葛瞻，打仗从来不带身边，一点军事谋略也没学到，等到邓艾兵临城下，没别的招儿，喊着"老子跟你拼了"就杀出去了，然后就被干掉了。

而司马懿的儿子司马师、司马昭为什么牛？因为父亲打仗，一直跟着。

企业家要及早培养自己的接班人，除了早点让他们上手的考虑外，你要留出意料外的空间，比如出事，猝死……

我写过一篇教育类的"论文"，叫《诸儿令》，我在这篇论文中说：应该把孩子下放到基层去锻炼，让他们有所成长，激励他们好好练就本领。

曹丕没有上过早教班，但绝对是比早教班还早教。五岁的时候，我就教他学射箭，八岁就教他骑马。我不准他成天在宫里，而是把他带在身

边，让他体验军旅生活，在战火中经受锻炼。

曹植23岁那年，我问他："你知道你老爹23岁的时候在做什么吗？那时候，我在一个叫顿丘的地方当小县官儿！回想当时自己所走的路，就在今天来看，是非常有帮助的。如今，你也已经23岁了，你也要勉励自己啊！"曹植马上写了个"决心书"，他在《求自试表》里说：应该为家国分忧，积极去成就一番事业，哪怕是出身于帝王家，也愿意从基层做起，到"分公司"中去锻炼。

现在很多企业家喜欢把儿子弄到国外的商学院，搞个莫名其妙的学历出来，然后就直接当高管，子女没有在基层做过，没有一级一级成长起来的经历，其实并不熟悉整个企业的运作流程，其他高管也不服气，并不是称职的接班人。

接班人的选择标准

有些事，该来的一定会来，不在于你是不是想让他来。是该选接班人的时候了。我对几个儿子进行了全面考察。

其实，从情感上说，我更希望曹植能继承我，因为我最喜欢曹植。在文学上，我是他的粉丝。在性格上，他的那种放荡不羁，恃才傲物，很像年轻时的我。

然而，在选择接班人这个问题上，我却不能依靠情感作为判断标准。

> 忠告：排除个人感情因素，按必要的标准去衡量选择。

我用三项指标去衡量：

德——个人威望、个人形象
才——管理水平
体——身体素质

做完三项指标的整体评估，最后得出的结论是：

曹植——无德，嗜酒放纵，很像后来的南唐李后主；

曹彰——无才，有勇无谋，对管理不感兴趣；

曹冲——无体，已经夭折，非常可惜。

对比下来，曹丕虽然文不如曹植，武不如曹彰，聪明不如曹冲，可是，他一点不偏科，总分第一。更重要的是，他一直热爱政治，他一直都为此而默默准备着，忙碌着，努力着，机会应该给有准备的人！

也只有他，能圆我做"周文王"的梦想！果然，他登基以后，把我封为武皇帝，整个帝国欣欣向荣，百官用命，他也顺利地把家族的财富传承给下一代曹睿。

有子如此，夫复何求？

第一阶段	第二阶段	第三阶段
事前准备。让小孩熟悉公司产业，在这个阶段，家族成员对潜在继任者培养正式开始	介绍阶段。让小孩多接触专业上的术语、公司员工，以及企业环境	介绍的功能。下一代在公司兼职工作，逐步增加工作的难度。这一阶段包括受教育或者在其它公司工作

让继任者进入公司

第四阶段	第五阶段
功能性。潜在继任者进入公司全职工作。工作性质包括各种非管理阶段的职位	进阶功能。潜在继任者晋升至管理阶层的职位。这阶段的工作包括所有管理阶层的职位，接下来会接掌公司总裁的位置

领导阶层转移

第六阶段	第七阶段
初期的继任阶段。下一代正式任公司总经理职位，不过父母依然在幕后指挥	成熟的继任者阶段。继任者名副其实地执掌公司大权

姓名　刘备
籍贯　河北
职位　蜀汉集团创始人

管理成就　他，一个揭地雄起家的创业者，却用近乎完美的HR管理，网罗了三国最优秀人才；他，一个自身条件极其平庸的管理者，却让天下能者尽为他所用，最终创造了庞大的蜀汉帝国。

参赛宣言　以德服人，以情感人。

演讲题目　HR决定成败

三国管理委员会

　　说起HR，这个话题很大，但是，这个话题只有我最有资格讲，不是吗？我一没钱，二没权，三没背景，四没田，为什么三国时代最顶尖的精英都为我痴狂，为我"献身"？

　　诸葛亮，本是一个无忧无虑的青年，为了我的托孤事业，"夙夜忧叹"，耗尽了所有青春，所有才智，直到白发苍苍，仍然带病工作，直到耗尽最后一滴血，一滴汗，一滴泪……

　　张飞，本是一个快乐的农场主，为了我们的创业梦想，他不惜卖掉全部家财庄园给我做启动资金，然后和我亡命天涯……

　　关羽，本是一个极其抢手的人才，曹操送他香车美女、宝马豪宅、高官厚禄，三日一小宴，五日一大宴，招待费惊人，他偏偏愿意和我吃糠咽菜，居无定所，为我鞍前马后……

　　马超，本是一个高干子弟，从小生活优越，性格自负，桀骜不驯，但是，在我的团队里，他抹去了棱角，发挥着正能量，默默地燃烧自己，独当一面……

黄忠，本是"国企"里一个等待退休、享受儿孙绕膝之乐的老人，他不顾家人的反对，毅然辞职，不顾自己身体的极限，为了我的事业东奔西跑，最后殒命沙场……

……

一提起这些往事，总是情不自禁，让人以为我是在开劳动模范先进事迹表彰大会，可这正是今天我要讲的主题：如何让每个员工都成为劳模。

在大多数情况下，"才=财"，人才是靠钱砸出来的，没有高薪，哪来顶尖人才？然而，我最反对什么都谈钱，不用钱能做很多事情！

很多小企业，都没法和大集团拼薪酬，为什么照样能拥有优秀的人才？

这不得不提到我一个非常惨痛的经历。与曹操一次在长坂坡的战斗中，曹操派出了最精锐的"虎豹骑"，发动了"闪电战"，我的队伍来不及招架，一下子就被冲垮了，仓惶逃命中，竟然连我的老婆孩子都找不着了！

一个男人，连老婆孩子都保护不了，我感觉到莫大的耻辱！那一刻，我悲愤地骑着马，漫无目的地向前疾奔，我感觉耳边呼呼的风声都在嘲笑我的无能，那一刻，我似乎不是想逃离战场，而是想逃离这个世界……可就在那一刻，我"家"赵云，如天神般出现了：还带着我的宝贝——阿斗。他是奋不顾身冲入曹操百万军中，舍命救出了我的阿斗啊！这是赵云用命换来的啊！

来不及鲜花，来不及掌声，我小心接过我心爱的阿斗，心中五味杂陈。

可就在这一刹那，我迅速将阿斗举起在空中，然后往地下重重一摔！

我哭了。

赵云愣了。

这孩子不是我的儿子阿斗吗？

难道是曹操的儿子吗？

是阿斗！可是，在我公司的口号里，员工是第一位的，比家人更重要！一个优秀的员工，怎么能为了老板的家人，做无谓的牺牲呢？我必须借这个机会，表明我的立场！为了吸引天下最优秀的人才，我必须做出如此惊人之举！

> 玄德接过，掷之于地曰："为汝这孺子，几损我一员大将！"赵云忙向地下抱起阿斗，泣拜曰："云虽肝脑涂地，不能报也！"（《三国演义》第四十一回）

赵云及周围的人，都被我的"壮举"感动了，更加死心塌地为我效力。

可我的代价也大，后来，阿斗，就是后主刘禅，因为这一摔，脑子受了点影响，断送了我的江山，这是后话。

我之所以再提这一糗事，就是想说，在企业里，员工是第一位的，而不是管理层第一位的。你要经常在不同的背景下，借不同的机会，使用不同的手段，向员工强化你的这种理念，让他们从心里觉得你的"员工第一"不是挂在嘴边忽悠人的！

最有效的激励，就是不用钱的激励！

管理层第一的企业架构图　　**员工第一的企业架构图**

| 管理层 |
| 客户 |
| 合作伙伴 |
| 员工 |

| 员工 |
| 合作伙伴 |
| 客户 |
| 管理层 |

员工第一：

　　在很多企业里，是这样的企业架构：管理层第一，客户第二，合作伙伴第三，员工第四。员工在最底层。而在我们的团队，正好是倒过来的：员工第一，合作伙伴第二，客户第三，管理层第四。这就是人才不计较薪水低的秘诀。

　　员工第一，另外一个含义，也是你对员工的关怀，要胜于对客户的关怀。因为，你对客户的关怀，是通过员工表现出来的，你只要善待你的员工，他们会善待客户。

带着兄弟们挣钱

桃园三结义，这个故事地球人都知道，我就不讲了，但我想提一点：还记得《三国演义》第一回中，我与关羽、张飞"桃园结义"的誓词吗？

> "同心协力，救困扶危；上报国家，下安黎庶。不求同年同月同日生，只愿同年同月同日死"。

这里能反映出的信息是：

我们的愿景——"上报国家，下安黎庶"，即匡复汉室；

我们实现愿景的手段——"同心协力，救困扶危"，即共同创业；

我们实现愿景的保障——"不求同年同月同日生，只愿同年同月同日死"，即结拜为兄弟。

就这样，我出品牌，汉朝"皇叔"；关羽出技术，武艺高强；张飞出资金，卖了自己的庄园，"品牌、技术、资金"，创业三要素都齐了。

我没有钱，只有两个字：眼泪。团队里的成员，都是我的好兄弟！我数不清有多少次和下属"同床共枕"了，我也数不清多少次和下属"执手相看泪眼了"，兄弟如手足，这句话是发自内心的。

而曹操，会把哪一个爱将当兄弟呢？曹操叫下属兄弟的时候，下属肯定会觉得末日来了。当我还在曹操手下做的时候，有一天，曹操拍着我的肩膀，说，兄弟，咱俩整壶酒去，谈谈人生，谈谈理想，可把我吓坏了！

这里解释一下，在汉末群雄的角逐中，曹操团队的成员骨干，多为豪强地主中的精英，而我们集团的成员，多出身草根，实际上，我与曹操的对抗，是豪强地主的精英与草根精英的对决。

刘备团队骨干出身情况一览表

张飞——杀猪

关羽——杀人犯（在缉）

诸葛亮——"村夫"

赵云——小兵

黄忠——老兵

因为天下是掌握在豪强地主手中，所以，我为草根精英们描绘了远大的蓝图：就是利益的重新洗牌，建立草根精英和中小地主为核心的政权。

而对于企业来讲，成就一个企业家，就成就一批千万、亿万富翁。君不见，马云有十八罗汉，史玉柱有四个火枪手，我的愿景就是创造伟大的企业，带着兄弟们挣钱，谁会半途而废呢？

> **感情留人**
> **事业留人**
>
> 我们可以输掉一个产品，一个项目，但绝不会输掉一个团队。因为我和团队成员之间有真正的感情，而不是互相利用，我们已经建立起有共同追求的目标和愿景。
>
> 带着兄弟们挣钱，用现在HR一句经典的话就是：
> 感情留人，事业留人。

无星的薪酬待遇 五星的企业文化

在三国时代，在我的前半生，和曹操的战斗打了十多场，多数都是以失败告终，我们团队的发展前景，多数时候让人看不到希望，那么，你说我们要"匡扶汉室"、你说我们是"事业留人"，谈愿景，谈感情，不是一句空话吗？

那还能是什么留人？我的招数还多着呢！先讲故事吧。

我在和公孙瓒合作当中，在那里遇到了郁郁不得志的赵云，想把赵云挖过来，但是心里又没底，所以决定让赵云感受一下自己团队的气氛，然后慢慢感化。于是，我请公孙瓒借调赵云到我这里当联络员。一开始，赵云对我们也没太感冒，可是，见到我们团队后，观点完全改变了。赵云发现，我们团队气氛非常活跃，在团队里，没有论资排辈现象，没有托关系的现象，大家机会是均等的，新人只要能力强，都会重用，执行效率也很高，而我这个领导待人亲切、体贴、没有架子，赵云一下就被感染了，最终选择了我们。

那么，中小企业团队对人才的吸引力体现在哪些方面？具体看一下这个表格：

三国早期三大集团人才环境测评表：

	曹操	孙权	刘备
薪酬待遇	曹操掌握北方资源，兵强马壮	坐拥富庶的江南，经济发达	没有固定根据地，工资按时发都成问题，更别提年终奖
评级	★★★★★	★★★★	无星
职位待遇	高职位没有空缺，内部竞争激烈	已经多年没有招人了	求贤若渴，只要有能力，就有可能进入管理层核心
评级	★★★	★★	★★★★★
公司活力&企业文化	公司基本上是领导人一个人说了算，大家都看领导脸色办事	领导是年轻人，有思想，但是受到很多元老的压制	领导和下属打成一片，团队气氛活跃
评级	★★★	★★★	★★★★★
发展前景	统一南方遭遇瓶颈，基本停滞不前	偏安在江南，不求开拓	不明，可能很好，可能很差
评级	★★★	★★★	无星

薪酬待遇、职位、公司活力&企业文化、发展前景，这四大指标，是人才在选择公司时的估量标准。你看表格，当时，我们在薪酬待遇上是无星的，但是在企业文化&公司活力上是五颗星，就正好弥补了薪酬待遇的不足，反而更具有竞争力。

另外，我们再看职位待遇一栏，不同企业对人才的重视程度、给的职位水平也不一样，诸葛亮在曹操那里，也就是秘书团其中的一个秘书，而到了我这里，至少也是副总级别的。

别怕被挖墙角

最早的时候，我有一个和诸葛亮一样能干的军师，叫徐庶，他帮我打败了曹操，我高兴地把他当成宝贝。而曹操玩阴的，通过"人肉搜索"，把徐庶的母亲找到了，抓了起来，逼徐庶到他那边工作。徐庶是个孝子，面对职业选择和孝顺父母，他选择了后者，乖乖去找曹操。

有人劝我，徐庶这么能干，又知道我们很多的内情，如果让曹操所用，那我们不就完蛋了吗？还不如不放徐庶，这样，曹操一生气，就会把徐庶的母亲杀了，徐庶一生气，就会竭力为母亲报仇，全心全意帮助我打曹操了。

可是，我怎么能这么做呢？为了自己事业，不顾员工家属的安危，如此冷漠，对于徐庶来说，可能会在我这里效力，可对于别的员工来说，他们怎么看我呢？所以，我祝福徐庶，给他自由，让他飞翔。

我失去了徐庶，可我收获了更多。

第一，徐庶为了报答我，到了曹操那里，并没有贡献任何智慧，反而成了我安插在曹操阵营的一个卧底。

第二，徐庶在临走的时候，为我推荐了更加优秀的人才——诸葛亮。

第三，我收获了人心，下属们在我们这个团队里有被尊重感，没有后顾之忧。

成全别人成全自己：

哪个企业没有被挖墙角的经历？哪个企业没有员工跳槽？切莫把他们当成仇人，也切莫害怕他们成为自己的威胁，切莫为自己的付出没有回报而惋惜……有时候应该以退为进。

企业家平时广积善缘，做人左右逢源，关键时刻别人的支援，就是你的核心资源。成全别人，是成全自己。

睡出来的忠诚

我还有一个HR秘诀，是很多领导者都复制不了的，但说起来很多人不信，那就是和人睡觉。

我的人才都是睡出来的！

我和关羽睡过，和张飞睡过，和赵云睡过，和诸葛亮也睡过。三顾茅庐那天晚上，我和诸葛亮谈得情投意合，当晚就睡在了一起。

我睡过的兄弟还真不少，但我们并不是那个"同志"，而是真的"同志"。

试想，两个大老爷们睡在一张床上，彻夜谈心，内心的好想法和坏想法，都会和盘托出，有助于为下属消除疑虑，让下属了解领导的意图，公司的发展规划。

同榻而眠，抵足而卧，其实是在做思想工作。

"睡下属"的妙处，体现在人和人能摘下平时的面具和戒备。有个词叫"袒裼相见"，"袒"，就是解开上衣，"裼"就是露出身体，"袒裼相见"时，人们往往会说出真心话。现在为什么浴场生意那么好，因为很多老板，会拉人去"袒裼相见"，无论是员工，还是生意伙伴，两个人以这种方式相见的时候，谈得比较容易。

所以，一不小心，我成了澡堂子文化的开创者。

最好的交流方式

　　为什么后宫宠妃，在皇帝枕边说两句，比大臣以死劝谏要有用得多？因为卧谈是最好的接受方式，感情交流方式。

　　为什么张飞关羽，那么难沟通、有个性的员工，对我言听计从？因为床上公关在起作用。你模仿得来吗？

我的更多HR法则：

　　除了"睡觉法则"外，还有几个HR法则，我结合我的故事分享给大家：

1. 以退为进

　　关羽被曹操俘虏后，曹操花了血本想留住他，我知道这件事后，马上修书一封：

> "备与足下，自桃园缔盟，誓以同死。今何中道相违，割恩断义？君必欲取功名，图富贵，愿献备首级以成全功。"（《三国演义》第二十六回）

　　关羽看书后，触动旧情，放声大哭，向信使当面表示不背旧盟的决心，果然，他立即辞别曹操，才有了后来的千里走单骑，过五关斩六将，回到我身边。

　　管人实际是管心，而人心不会听命于你的权威和行政级别，所以，要获得人心，有时候该以退为进。

2. 自我检讨

　　我在一次和曹操的战斗中，被打得大败，狼狈逃跑，大家情绪低落。事后，我并没有怪下属办事不利，而是对大家长叹道："各位都是一流人才，不幸跟错我刘备。都是我刘备的命不好，才连累了你们啊！你们如果有好去处，我不拦你们！"大家听了，反而一齐来安慰我！并一个个表态，说不会离开我！

> 在企业遇到挫折时，作为管理者，要先从自己身上找原因，先自我检讨，如果一味把责任推给下属，就会失去人心。

3. 树立标杆

　　后来，我终于在四川有了立足之地，为了表彰激励先进员工，我选出了"五虎上将"作为标杆，里面有关羽、张飞、赵云、马超和黄忠。前四位都好说，可是选黄忠，关羽就说闲话了：不与老卒为伍！因为黄忠是跳槽过来的，不是一直跟着我，在原来单位地位也不高，现在岁数也大了，又马上要退休了。但是，把黄忠放进五虎上将中，我看重的是他从底层渐渐成长起来的人生经历，另外，我也因此向所有员工表明，并不是因为关张赵和我有私人关系好我才选的！跳槽过来的人才，同样有机会！

> 领导者在树立典型的时候，绝不是为了激励这几个典型，而是激励大众。目的是要让每个员工在典型身上看到自己的影子，得到激励。所以，典型要有广泛的代表性。

4. "山寨"官职

　　我曾经任命关羽担任襄阳太守，但是，滑稽的是，襄阳这块地方，不是我的地盘，而是曹操的地盘！现在有曹操的弟弟曹仁管着呢！那么，关羽现在还是个"山寨"的襄阳太守，要想成为"行货"，只有

一个可能，就是把襄阳占了，把曹仁赶走。这样，就激励了关羽北伐的决心，于是，才有了关羽后来的水淹七军，威震华夏的辉煌。

> 在现代商战中，很多开疆拓土的区域销售经理，都是这样诞生的，正所谓，给片阳光就灿烂，不花钱的山寨头衔，你吝惜什么！

最后，我想说的是，一个企业的发展，有时看起来是因为一个独特的产品，或因为有强大的资金支持……但剥离种种表象，其实根本来说都是取决于人。在产品、技术、经营模式等正在以越来越快的速度被模仿、克隆而趋于同质化的今天，现代企业唯一难以复制的就是核心人力资本。

凡事都兴于人，败于人。只有独特的、出类拔萃的人力资本才是企业最终的核心竞争力所在。

好，这就是我的HR秘诀，你能学到多少？

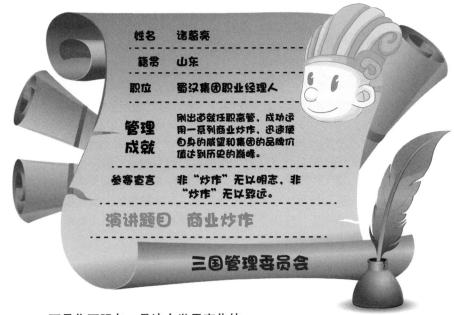

姓名　诸葛亮

籍贯　山东

职位　蜀汉集团职业经理人

管理成就　刚出道就任职高管，成功运用一系列商业炒作，迅速使自身的威望和集团的品牌价值达到历史的巅峰。

参赛宣言　非"炒作"无以明志，非"炒作"无以致远。

演讲题目　商业炒作

三国管理委员会

不是你不明白，是这个世界变化快。

10年前，中国的管理者还在苦读德鲁克，奉《第五项修炼》为圣经，还在抱着孔茨的《管理学》寻章摘句，10年后，未免成为老朽。因为这些东西早已被如今的老总们抛弃了。二十一世纪，互联网时代，中国管理者最信奉什么？

用两个词就能概括：

一个是"忽悠"，一个是"炒作"。

你的产品要赚钱，无非就是这两大步骤，通过"炒作"，吸引消费者眼球，通过"忽悠"，让消费者买单。在我的上一场演讲《企业商务谈判》中，我讲到了"忽悠的技巧"，在这一场里，我就讲给大家"炒作的智慧"，都是我的亲身经历。

受伤的"学霸"

张爱玲说：出名要趁早。在三国时代，我无疑是最幸运的。"卧龙"、"凤雏"，是家喻户晓的两大"国宝级"青年才俊。然而，同是超级才子，为什么"求职"的结果却大相径庭？！

被称为"凤雏"的小庞同学，刚"毕业"时意气风发。因为他在上学时就是名人了，肚里东西多，善于应变，口才也好。同时，家里人脉关系非常广，还得到东吴"CEO"鲁肃的极力推荐。为此，东吴"董事长"孙权破格给了他一个面试机会。小庞兴冲冲地去了，可就这么一个貌似"学霸"级人物，和孙权还没说几句，直接就被拒了。孙权给出的理由是：长相不行，又一副眼高手低的样子。

这也许是托辞吧，反正让庞统同学很受伤，只能怪孙权没有眼光。鲁肃很够朋友，又把庞统推荐给了刘备，还专门为他写了推荐信。然而，庞统见了刘备，也不拿出鲁肃的推荐信，依然是一副酷哥模样，连一向求贤若渴的刘备，也只让庞统去做了一个小村官。

小庞同学的失败经历告诉我们：不善形象打造，不善于推销自己，不善利用资源，是金子也发不了光！而一般人，都没有耐心和足够的时间成本等到金子发光的时候！

而我就不一样了，同样是刚刚"大学毕业"，就有"老总"刘备亲自登门来招聘，一下子就成了"企业高管"。

差哪呢？

不懂商业炒作，结果大不相同。

看看我是如何进行商业炒作的！

一毕业就高管

我参加工作前，在荆州的的一个小县城隐居，名义上是隐居，实际上是钓鱼。钓刘备这条大鱼。

怎么样钓企业家大鱼，其实和现实中的垂钓一样，有这么四个步骤：

首先，广撒网。

广撒网其实是一个概率问题，就是给自己争取更多的机会。为此，我大胆比喻，把自己比作中国历史上最牛的两位CEO——管仲、乐毅。

炒作方法1——名人效应

　　千方百计和名人扯上关系，不要怕脸皮厚。也许多数人觉得你太轻狂，但有少数人认可你就行了。因为你和名人扯上关系，认识你的人会基数大增，而这其中的少数人，也是不小的数目，你的财富其实就在认可你的少数人手中。如果你太谦虚，就一点机会都没有。

　　其次，下饵。

　　老总是大鱼，但老总岂是寻常人？他们需要重口味的刺激才有反应，那我用了什么重口味吸引刘备呢？

　　三国时代有四大帅哥：

　　（1）孙策——江东集团创始人，放浪不羁的阳光大男孩型帅哥。

　　（2）周瑜——江东集团第一任CEO，内外兼修，注重细节，典型的高富帅。

　　（3）马超——西北集团CEO，都说三国锦马超，有型、有男人味的肌肉型帅哥。

　　（4）诸葛亮——奶油小生型的偶像派帅哥。

　　作为四大帅哥之一，我自然不乏追求者，我左挑右选，挑花了眼，却没挑花了心，我"有幸"娶了一个容貌闻名全荆州的女孩，叫黄月英。不是以美闻名，而是以丑闻名。

　　这是什么道理？

　　这就是炒作的道理！

　　我娶月月的时候，人们议论纷纷，都说鲜花插在牛粪上，可是，你们想想，如果没有牛粪的营养，鲜花能那么娇艳欲滴吗？如果没有三国第一帅哥娶三国第一丑女的爆炸性新闻，我能靠什么搏出位？会有那么多人关注我本人吗？

炒作方法2 ——新闻效应

不要成天想着讨好媒体，给记者车马费，塞红包，如果你自己的东西有新闻价值，媒体会主动上门帮你做宣传，完全免费。

不怕引起争议，就怕默默无闻。不管是产品推广，还是个人炒作，以独特的行为方式，让更多的人来"看戏"，就会得到更多人的了解。

再次，下钩。

我能够让刘备亲自来访，先是有徐庶的引荐，后是和司马徽、石广元等几个"股评家"一样的人混在一起，哥几个互相吹捧，互相推销，先期广告效果非常明显。

炒作方法3 ——多角度效应

炒作不能轻描淡写，否则就白花功夫，别人一笑而过。要不断地从多角度、多渠道强化受众的潜意识，做立体式的宣传，一波接着一波，让受众应接不暇，最后不知不觉在心里接受。

最后，收竿。

我故意让刘备三顾茅庐，两次都找不到我，吊足他的胃口后，第三次才犹抱琵琶半遮面地出场。他见了我面之后就非常珍惜，当场就签了"高管聘任合同"。

我的个人形象设计

出山前，我是从来不用扇子的。出山后，有人问我：不管冬天夏天，我为什么总是拿一把羽毛扇，有事没事扇两下，冬天扇扇子有病啊？

也有人问我，你不管交通怎么样，总是坐个两轮车出场，一米八的山东大汉，有那么虚吗？

错！品牌宣传，首先是要起到引人注目的效果。就是说不管这种行为合不合时宜，只要是你唯一的、特有的，这就是给自己一种形象识别。成功的形象设计，就是达到不管提不提我的名字，一看这个样子，标志性动作，就知道是我了。

后来，都不用我亲自出马了，我们和司马懿打仗的时候，蜀兵推一个两轮车，用木头雕一个我的形象，手里还不忘插把羽毛扇，就能把司马懿给镇住。

这样的例子还很多，比如，公孙瓒在他的骑兵中选出3000精锐，作为"特种部队"，全部都骑白马，每天像风一样驰骋在蓝天白云下的北国草原上，简直帅呆了！这支部队迅速出名，敌人一看到骑白马的就胆怯。

炒作方法4——标签效应

标签效应，说白了，就是有"范儿"，不管你是叼一根牙签也好，内裤外穿也好，要找到属于你的标志性动作。同样，无论是企业还是商品，也都要先给自己定位一种特有的、让人能有印象的标识，记住，太中规中矩的动作人家记不住。

冬天里的一把火

还记得那"冬天里的一把火"吗？赤壁大战烧了曹操所有战船的那一把火，烧出周瑜一世英名的一把火。

那时，正值隆冬，天天刮西北风，曹操在北边，烧不到曹操，给周瑜急得都吐血了，四处跪求能来一场东南风。我说我能把东南风借来，周瑜半信半疑。

于是，我让士兵在附近的南屏山上建一高台，还给高台起了个名字，叫七星坛。高台有严格的建筑标准：必须用东南方的红土，作三层，每一层高三尺，共是九尺，方圆二十四丈……

"下一层插二十八宿旗：东方七面青旗，按角、亢、氐、房、心、尾、箕，布苍龙之形；北方七面皂旗，按斗、牛、女、虚、危、室、壁，作玄武之势；西方七面白旗，按奎、娄、胃、昴、毕、觜、参，踞白虎之威；南方七面红旗，按井、鬼、柳、星、张、翼、轸，成朱雀之状。第二层周围黄旗六十四面，按六十四卦，分八位而立。上一层用四人，各人戴束发冠，穿皂罗袍，凤衣博带，朱履方裾。前左立一人，手执长竿，竿尖上用鸡羽为葆。以招风信；前右立一人，手执长竿，竿上系七星号带，以表风色；后左立一人，捧宝剑；后右立一人，捧香炉。坛下二十四人，各持旌旗、宝盖、大戟、长戈、黄钺、白旄、朱幡、皂纛，环绕四面……"（《三国演义》四十九回）

借个东风，要这么复杂吗？别嫌麻烦，讲究还有呢！我选了十一月二十日甲子吉辰，沐浴斋戒，换上道衣，光脚披发，嘱咐守坛将士："不许擅离方位。不许交头接耳。不许失口乱言。不许失惊打怪！"然后缓步登坛，选好方位，在香炉里点上香，在盂里注满水，才正式开始"借东风"。

在现代人看来，这哪是借风啊，这不是抽疯吗？整那么多没用的干吗？搞得像真的一样。

虽然"借东风"实际靠的是气象知识，而不是七星坛，但是，如果我当时轻描淡写地和周瑜说一句，我能把东风借来，然后有一天，东南风正好来了，你说是你借来的，谁信啊？经过这么一套程序，后世几千年，中国老百姓都在津津乐道，赤壁大战是我"借东风"起了关键作用。

炒作方法5——仪式效应

你要做一件别人做不了的事情，推出一种独特价值的产品，你要做足铺垫，产生一种仪式感，仪式感的作用，就是让别人更加相信你做这件事的价值，不管这种仪式本身有没有用，但是对你自身价值是一种宣传和炒作。

七擒孟获的秘密

如果你有个朋友，一天过来跟你说，昨天晚上我和一小妞，7次。你信吗？你可能会不信，因为他不是超人。但你又不好说不信，因为你肯定没在边上数着，没有调查就没有发言权。

七擒孟获也是这样的道理。

七擒孟获到底有没有七次呢？好多人都不太相信，但又不能说不信。因为，我在擒孟获的时候，竞争对手曹操和孙权也没有在边上数着，对不？相反，他们却在后面虎视眈眈！所谓螳螂捕蝉，黄雀在后，我在那边玩擒孟获的游戏，现实吗？

所以，对于对外宣传来说，你说几次就是几次。这本来就是一种宣传炒作策略。

曹操、孙权有话语平台，但他们不知情，当地的蛮人知情，但他们没有话语平台，没掌握宣传资源。你以你掌握的话语权和媒体平台，编制一个你认为合理的数字，这就是宣传。而最终的目的，是让天下人知道，我们有多仁义，擒了又放了七次啊！局外人谁不感动得稀里哗啦？谁会再闹事啊？如果你说只有一次，两次，会有效果吗？

炒作方法6——数字游戏

数字游戏，就是在你掌握话语权和真相的时候，自己去编造一个你想要的数字，能产生轰动效应的数字。人们因为将信将疑，对你产生兴趣，你顺势就做了宣传推广。

三国第一个"商业炒作计划"

炒作的目的是为了营销，可以是营销产品，也可以是营销自己。我出山后，为刘备策划了一个大型的"商业炒作爱心计划"，就是携民渡江。

那时，我们部队驻扎在一个叫樊城的地方，曹操大军来攻，可樊城

是小县城，没法守，那就走为上呗！于是，我们打算弃樊城，奔襄阳。

然而，逃跑，也是一种学问。是灰溜溜地走，面子全无，还是轰轰烈烈地走，全民欢送？全靠策划。

我们在离开樊城前，出了一个公告：

安民告示

轻轻的我走了，
正如我轻轻的来，
亲亲的你，
是否愿意和我们一起同行？
路程不长，
只一生。
有爱，就不怕风雨兼程。

爱你们的刘皇叔

这个公告马上引起轰动。樊城的居民感动了，他们扶老携幼，将男带女，纷纷加入我们撤退的大军，把一家的性命，未来的期望，统统交给了我们。

无疑，这一路，可以说是又一次《1949》，流离失所的难民们一路凄惨不堪，哭声不绝。

这时，商业爱心炒作计划第二步开始实施了：

刘备对着难民们，大哭着说："大家因为我背井离乡，遭此大难，我愿以死谢罪！"于是，装作要投江的样子，大呼："大——家——别——拦——我——！"

当然，"导演"不能让"主角"死了，我带着几个兄弟，急忙把他拉住。

刘备还在挣扎，再次大呼："大——家——别——拦——我——！"哥几个也明白意思了，就一个抱腰，两个抱腿，直接把他抬到安全的地方，按住，不让动。

百姓们见此情景，早就感动得一把鼻涕一把泪了。

这里这么热闹，谁不想过来瞧瞧？曹军追来了。

我们劝刘备放弃百姓，轻装奔走，刘备不肯："老百姓是跟着我混的，我怎么能先跑呢？"于是，拥着民众数万，缓缓而行。曹军来了，一看漫山遍野的百姓，刘备以老百姓做掩护，混在老百姓里，找起来还真困难，这确实是一箭双雕啊！

表面是公益，心里是生意。我导演的这一场秀，没做一分钱广告，但天下人都知道了刘备的仁义爱民，让刘备赚足了人心，刘皇叔的品牌远播四方。

如今，很多企业还是喜欢在大众媒体上做硬广告，花了钱没效果，远不如炒作合算。

炒作的四种新面孔：

（1）慈善炒作——做慈善不能跟着人做，不会有效果。你要作为一种慈善活动的发起人，自封"第一人"的身份，发表言论，产生影响力。

（2）公益炒作——公益炒作要借力，借社会热点。要面向媒体关注的弱势群体，面向媒体聚焦的焦点人物进行集中服务、持续服务、全方位服务，对媒体关注的社会事件，积极参与其中。

（3）行业内幕炒作——包装一些所谓的业内人士，在微信圈、网站和论坛以揭露行业内幕的形式发帖，通过对不同品牌和厂家的品评，间接宣传自己。

（4）口碑炒作——培训一批"托"，扮成消费者，正方和反方，在目标消费者集中的区域进行议论和争辩，最后以正方占上风结束。

统一品牌炒作

如果去评三国里最杰出的发明家，那一定是我。因为在三国里，还没有一个人能像我，有那么多的"专利产品"：

山地运输工具——木牛流马

致命武器——诸葛连弩

行军药品——诸葛行军散、卧龙丹

居家必备——孔明灯

"零排放"代步工具——孔明车

……

其实，很多人不知道，这里面的多数产品都是我妻子黄月英和一些其他人发明的。但为什么都借了我的名字做冠名？因为我的名气已经炒作起来了。

所以，产品不一定是要你亲自研发，亲自生产，你只要专心做品牌，做概念，然后找制造商，把他们都归到你的品牌下面，集团业务就可以迅速做大做强。

从炒作的角度说，如果你只有一个产品，炒热的难度比较大，如果你有一个产品线，声势就不一样了。要是搁在现在，这公司又是新能源，又是LED，又是中药，又是军工，这概念在股市里翻个三倍都不止。

最后给个忠告：炒作需要对形势、对自己有准确的判断和认识。还要建立在自身实力的基础上，否则就成了浮夸、浮躁，虚假宣传。炒作也要注重方式，需要掌握技艺和艺术，否则就会弄巧成拙。

姓名	司马懿
籍贯	河南
职位	西晋集团创始人

管理成就 四十年苦心经营，最终取代曹魏集团，运用效率原则，奠定了三国统一的基础。

参赛宣言 无敌司马，一统天下。

演讲题目 效率改变中国

三国管理委员会

天下大事，合久必分，分久必合。一段历史，在经历雨打风吹去、被时间风干分解后，它还会经过一系列酝酿，再次新鲜出炉。

几千年来，多少人都在探寻一统天下的秘密和法则，所幸，我找到了答案。我总结下来，首先：

1.出现一个强有力的奇才；

2.这个奇才的运气非常好；

其次，在我看来，那就是效率，效率能够决定成败，效率能够改变中国。

效率是什么？效率如何起作用？是我今天演讲的主题。

"小三"覆灭记

孟达同学是个"跳槽专业户"。他每次跳槽，职位薪水都能涨一大截。他的最后一次跳槽，是到曹魏集团担任新城太守。新城地处魏、蜀交界，地理位置非常重要，所以，两边都想拉拢他。于是，不安分的他，又开始筹备新的跳槽计划，这一次，他是打算带着新城的"地盘和项目"，作为给"CEO"诸葛亮的"见面礼"，跳槽到蜀汉集团。

当时的情况，可不是孟达同学跳槽一事这么简单，曹魏集团"董事长"曹睿正在集中主力，应付东边的吴国，孟达的真实目的，是想趁此机会，联合诸葛亮的大军，从西边打过来！那后果，可能就没有三国了！

所幸，孟达的这一计划，不小心被我提前知道了！经历了那么多大事的我，也不禁倒吸一口冷气！孟达这人品啊！魏国正眼看你，对你不薄，人老大不小了，偏还偷偷摸摸要对蜀国红杏出墙！

那时，我已经是曹魏集团的"执行总裁"，驻地在宛城，全权负责集团对蜀的各项事务。可是，知道这一计划的我，还是一筹莫展：我现在的首要目的，是在孟达投降诸葛亮之前，把他捉住。然而，宛城距离孟达的新城有1200里，而我要对付孟达，不能擅自行动，要先写个请示，派人送到洛阳集团总部汇报，宛城到洛阳800里，然后等人拿到集团的授权委托书，从总部返回，才能开始发兵到新城。

孟达的计算公式：800×2+1200=2800里。

大概天数：30天。

30天，孟达不早就干完活了吗？说不定连和诸葛亮的庆功宴都摆完了呢！

我做了一个艰难的决定：先斩后奏！一路派人去洛阳汇报，一路亲帅大军疾行赶往新城，一天走两天的路，7天就到了新城。

我的计算公式：1200/2=600里。

大概天数：7天。

孟达也是天才，可惜遇到的是仲达。他简直不敢相信，当他还在考虑我们是坐高铁，还是打飞的，来的目的是什么的时候，我们二话不说，就开始组织攻击。我把整个曹魏军队分成八路军，不惜一切代价一起往城上攻，要在最短的时间内占领新城！

在诸葛亮援兵还没反应过来之前，我像抓小三儿一样，给孟达揪出来游街示众！然后就地正法！

所谓兵贵神速。速度，是效率的表现方式之一。21世纪的竞争，是"人、钱、物、信息、时间"的竞争，尤其以"时间"的竞争为核心。速度快，就能占尽先机。

效率定
律一：快

时间就是金钱，时间就是生命，中国人是世界上最珍惜时间的民族，中国人在短短三十年的时间里，创造了西方国家三百年的财富，这一切都源于快。我们以快自豪，以快为美，我们享受着速度的激情，速度的成果。珍惜时间，凡事求快，是个人、企业、乃至国家快速发展的根本。

像男人那样去忍受

快，是效率最重要的表现形式之一，但是，这不是效率的全部。前面捉孟达，我不惜一切代价，为的是抢时间，而到了对付诸葛亮，我一下子把速度降下来，开始了论持久战。

这是不是效率呢？

在集团的西部战线上，我和诸葛亮始终在相持，面对诸葛亮五花八门的叫阵策略，我的招数就一个——不理，不看，闭门不战！

然而，闭门不战，绝不是像在家听听音乐一样轻松的事。有时候，不战，比打仗还要痛苦。因为我手下有那么多的将士！你受得了诸葛亮在家门口骂你，他们受不了，人家也都是想建功立业的热血男儿，跑到前线不是来挨骂的，也不是来当宅男的！

不就是打吗？好吧，既然那么想磕，那就磕吧！

我马上拟了一个关于开战的请示文书，800里加急，送给老总曹睿做批示。我第一个跳出来，当众表态，说我们要战斗，为荣誉而战，像男人那样去战斗！

老总真是了解我的用心啊，曹总从总部派来一个人，到前线来督战。

其实，倒不是督战，是督不战！不是让大家像男人那样去战斗，而是像男人那样去忍受！

总部来人一到前线，就手拿圣旨，发布公告：总部决定不能出战。

我一方面努力请战，保护士气；另一方面，又制造了一个皇帝不让打的局面，有谁知道我的良苦用心呢？

难道我们真的打不过诸葛亮吗？如果你在我的上一篇演讲中，看到双方相持的成本和代价，你就会发现，不找诸葛亮拼命，是多合算的一件事。

从理论上讲，我可以不惜一切代价，歼灭诸葛亮的主力，让西线血流成河，快速取得决定性的胜利，甚至活捉诸葛亮。但是，胜利换来的是什么呢？

（1）我苦心经营的嫡系部队，元气大伤，再无实力和集团内的异己抗衡；

（2）兔死狗烹，鸟尽弓藏，我失去了在曹魏集团存在的价值，性命堪忧。

如果你能快速取得一项成就，但付出的代价比成就本身都大，那叫成功吗？

没有用拼成本的方法去和诸葛亮斗争，因为代价太大。就如同中国这么多年来的飞速发展，成就巨大，有没有效率? 有! 但代价巨大! 我们付出了那么多资源，那么多的环境，那么多人的血汗，代价换来的飞速发展，不是效率的全部。

最后，诸葛亮还是被我耗死了，我们用最小的代价换来了胜利。据说，这叫不战而屈人之兵，是兵法的最高境界。

效率定律二：代价要少

效率的表现方式之一是速度，但速度不是效率的全部。只讲速度，不计成本，不计后果，那么，后果就很严重，效率的含金量不高。要提高效率的含金量，应该是用最少的代价换来成功，必要时可以放慢速度。

赌局

如果一个人是你的竞争对手，嫉妒你，排挤你，打压你，那么，在他出洋相的时候，你是在心里偷笑，还是去帮他解围？

在一个人的一生中，总会碰到几个这样的人。曹真，就是我碰到的其中一个。他是和我一起对付诸葛亮的战友，也是我在曹魏集团的主要竞争对手。

有一次，我和曹真一起攻打蜀国，诸葛亮一反常态，没和我们拼命，见到我们就跑了。以我对诸葛亮的了解，他一定是诈败，然后趁我们不注意，再回来偷袭，但曹真不信，他觉得是诸葛亮后院起火，急着回家了。

不管你说什么，他都不信，这就是竞争对手。

不信，那就走着瞧呗！我敢和他打赌，如果十天之内诸葛亮没有来袭，我愿意涂脂抹粉穿红妆，反串女人学李玉刚。曹真也是一副胸有成竹的样子，如果十天之内诸葛亮来袭，他就把老总赐的玉带给我。

我的筹码是面子，他的筹码是票子。为人的高下，立见分晓。要知道，这一赌局，最根本的还是面子。

军中无以为乐，打个赌调剂一下气氛，倒也好玩。

我和曹真分兵两路，一人守一个路口。

我部署了防备诸葛亮的周密计划，然后大家就等呀，等呀，盼望着，盼望着，诸葛亮的"光临"。

曹真毫无设防，摆出曹真版的"空城计"，因为设防就相当于认输。所以，曹真的筹码，还要再加上他和下属的性命。

到了第十天，正在曹真以为胜券在握的时候，诸葛亮就不早不晚，在这个当口很"不识趣"的"组团"来袭，看着如水一样涌入自己营寨的蜀兵，喊杀声震天，曹真感叹：你们不能明天来吗！？我死也瞑目！

这时候，是我人品爆发的时候！我率领大军，及时赶到，杀退蜀军，挽回了曹真的败局。

以后，曹真对我的态度转变了，以至于在他"退休"时，把所有的权力都交接给了我。

从管理的角度分析，这件事我们能看出什么？那就是，不和谐的团队，无法一致行动的团队，注定要失败，注定是低效的。

保持一个团队的高效，我觉得应该做到五个要点：

（1）内外有别，大局为重；

（2）不越位，不抢功；

（3）不争口舌之辩，用事实说话；

（4）高姿态，高动机；

（5）提前规划，控制局面。

作为一个有能力的人，除了要证明自己的能力，还要让别人有面子，你就会获得更多的支持，然后才能更好地发挥出你的能力。

效率定律三：系统高效才是真的高效

中国是世界上最勤劳的民族，中国人的工作时间全世界最长，中国人最珍惜时间，中国人活得最累。但是很多时候，我们看不到效率。那是因为个人的高效，被团队的低效抵消了。

团队为什么会低效？就是因为管理的缺失。一个团队人与人勾心斗角，分工权责不明，没有协作的意识，方向不明确，行动不一致。

所以，管理者要注重提升系统的效率，别再成天瞎忙了，系统高效才是真的高效。

最猛不过夕阳红

古人很相信看相术，有算命先生说，我有"狼顾相"，就是人往前走，头可以180度扭回来，用现代话说，这属于颈椎有病，但古人偏偏认为，这是长了一副造反的样。所以，曹家的每一任领导，都是又用我，又防我。

然而，曹魏集团老总的身体真是一茬不如一茬，第二代领导人曹丕活了39岁，第三代曹睿才活了35岁，以致于第四代曹芳上位的时候，才5岁。曹家的人才青黄不接。曹真的儿子曹爽和我成为曹魏集团的实际控制人。曹爽这个人，最大的特点，就是自己很爽，让别人很不爽。他仗着他家是

集团的大股东，为所欲为，大权独揽。

那时，我已经60多岁了，可谓夕阳无限好，只是近黄昏。这种年纪，本也不想争什么了，宿敌诸葛亮也死了。我主动退居二线。为了避免曹家人的猜忌，我甚至装成老年痴呆，一副等死状，让他们放心地去胡闹。

然而，事情发展却超乎我的意料。曹爽这个家伙除了败家，还败国，为了树立自己的权威，丫带着我训练有素的大部队去蜀国滋事，师出无名，又毫无指挥经验，结果大败而回。我可以忍受曹爽夺权，也可以忍受曹爽胡来，但绝不能忍受这小子毁掉我辛辛苦苦为魏国夯实的基业啊！如果魏国毁在他手里，我们司马家的子孙后代该怎么办！

那么，我该做点什么呢？

打麻将什么时候最危险，ting牌的时候最容易被人家给点了。离成功最近的时候，风险最大，形势一派大好的时候，最容易犯错。曹爽就是这样。曹爽在所有岗位都安插了自己的亲信，以为这样就能天衣无缝，真的爽歪歪了。

曹爽比较爱玩儿，最喜欢周末哥儿几个开车去烧烤自驾游。这天，曹爽带上所有的亲信，借扫墓的名义，出去郊游打猎。当他拉帮结伙，策马飞奔，踌躇满志，呼啸着离开宫门的时候，没想到，就成了诀别。

因为，他怎么也想不到，那个老年痴呆的"僵尸"，突然复活了！

最猛不过夕阳红，我的反应速度还是如擒孟达一样快！甚至更快！我的嫡系部队迅速集结，占领皇宫各处和宫城外的各个关隘，把曹爽堵在门外。曹爽一下子成了丧家之犬。

然而，百密仍有一疏。有一个曹爽的死党，叫桓范，这个人没去郊游。他看到宫廷政变，一个百米冲刺跑到曹爽家，把大将军印给抢了出来，在别人都没注意到他的时候，已经混出宫，投奔曹爽而去了。

这才是曹爽的救命稻草啊！因为，有了大将军印，就可以调动全国兵马！

我有点慌。于是，派人给曹爽送了封信，内容大概是：咱俩是哥们，哥能害你？你回来吧，哥不追究你的责任，你就当哥刚才闲着蛋疼，搞了个军事演习。

　　桓范劝曹爽拿着大印，到洛阳外调动兵力，和我对攻。然而，这世界真的是千奇百怪，有些事情，你即使用前列腺去想想，都不会相信，可有人用脑子深思熟虑过，反而就信了。曹爽想了整整一夜，在黎明破晓前，终于做出决定：回去，回去，回去好歹也能继续做我的富家翁！

　　不怕神一样的对手，就怕猪一样的队友。桓范绝望了，哭着走了。结果，这帮人一回来，就被我全都给咔嚓了。

　　我能理解桓范的那种无奈，就如同项羽时代的范增，吕布时代的陈宫，袁绍时代的田丰。跟着虫一样的领导，你就是条虫，跟着龙一样的领导，你就是条龙。说实话，曹爽下面还是有能人的，像桓范，但是，曹爽这样的领导，让人的潜能一点也发挥不出来，从而使一切事情变得低效。

　　于是，这又回到我一开始所说的，一统天下的秘密：那就是首先，得出现一个强有力的奇才。这个奇才的含义，其实不是像诸葛亮那样自己很能干，而是刘邦，刘备，曹操，孙权这样管理的奇才，你能让每个人发挥出他的长处和潜能。

　　可惜，这些对手早已离我远去。我再无敌手。从此政归司马氏，再无反复，直到统一全国。有时候，命运对你的青睐大大超出你的想象，我所做的一切，目的仅仅是为了保全自己，可命运却把整个中国都交给我。

效率定律四：发挥出人的潜能，提高用人的效率

　　发挥潜能有三方面的含义：

　　一方面，你要多接受下属的意见，在工作的某一方面，他们更加专业，更加深思熟虑；

　　一方面，是让合适的人做合适的事，用人所长；

　　另一方面，是用包括竞争、压力、目标、激励等手段，不断激发个体自身的潜能。

　　司马代曹改写了中国历史。如果没有司马代曹，就不会有三国归晋，没有三国归晋，也就不会有五胡乱华，没有五胡乱华，也就

不会有南北朝，不会有隋唐，更没有宋元明清……也许，三足鼎立还在延续，陈寿到死，都还在写《三国志》，罗贯中的《三国演义》又出了三部，再次畅销热卖……

　　很多人把我的成就归功于权谋，其实是归功于效率。从我对效率的理解来看，效率的内涵在于：首先是追求速度，然后是用最少的代价，做最多的事情。提升效率的关键，是用管理的手段，提升整个系统的效率，让每个人发挥出自己的潜能。很多人把改变中国归功于人，其实是效率在改变中国，历朝历代的统一，无一不是体现了上面的效率内涵。

🎤 主持人：

　　感谢您收看本届的《三国波士炖》，感谢各位企业家的大力支持，感谢三位评委，当代企业家心目中的最佳三国管理达人最终的结果已经产生，三国最佳商业领袖的桂冠究竟花落谁家？谁又是各个分项奖的得主？请加入微信公众号平台（caizi_88）获取查询结果。

　　《三国波士炖》之管理篇已经出炉，《三国波士炖》之资本篇正在慢炖中，感谢您的关注。

图书在版编目（CIP）数据

三国波士炖 / 武斌著. —上海：上海三联书店，2015.4
ISBN 978-7-5426-5061-0
Ⅰ.①三… Ⅱ.①武… Ⅲ.①管理学－通俗读物 Ⅳ.①C93-49
中国版本图书馆CIP数据核字（2015）第012729号

三国波士炖

著　　者 / 武　斌

责任编辑 / 陈启甸
特约编辑 / 石晓寅
装帧设计 / 郑　欣
监　　制 / 李　敏
责任校对 / 张思珍
出版发行 / 上海三联书店
　　　　　　（201199）中国上海市闵行区都市路4855号2座10楼
网　　址 / www.sjpc1932.com
印　　刷 / 上海江杨装订有限公司

版　　次 / 2015年4月第1版
印　　次 / 2015年4月第1次印刷
开　　本 / 710×1000　1/16
字　　数 / 200 千字
印　　张 / 12.25
书　　号 / ISBN 978-7-5426-5061-0 / C·530
定　　价 / 48.00元